Generis
PUBLISHING

AF351493

PRINCIPES DE GUÉRISON DIVINE

GUÉRIR LE CORPS DIVIN PAR L'ÂME

Jude Joset

Copyright © 2020 Jude Joset
Copyright © 2020 Generis Publishing

All rights reserved. This book or any portion thereof may not be reproduced or used in any manner whatsoever without the written permission of the publisher except for the use of brief quotations in a book review.

CIP a Camerei Naţionale a Cărţii

Joset, Jude.

Principes de guérison divine : Guérir le corps divin par l'âme / Jude Joset. – Chişinău : Generis Publishing (Online Marketing Group), 2020 (Print on demand). – 97 p.

ISBN 978-9975-4237-9-3.

27-29

J 75

Cover image: www.pixabay.com

Generis Publishing
Online orders: www.generis-publishing.com
Orders by email: info@generis-publishing.com

PRÉFACE

La guérison vous est donnée si vous considérez que votre être, avant de devenir cet être qui souffre, est un être divin qui interagit avec votre Âme.

L'un et l'autre sont indissociables car votre corps est une enveloppe qui contient ce que vous voulez y déposer. Vous avez accumulé la souffrance que vous avez bien voulu créer. Cette souffrance vous a envahis au point maintenant d'en être son esclave.

Vous vous êtes soumis à son emprise sans vouloir comprendre qu'elle était créée par votre persistance à vouloir vivre dans une tumultueuse issue qui vous a menés dans un gouffre tortueux.

Alors que vous avez déployé d'immenses et interminables remèdes sans en connaître une quelconque finalité, vous êtes parvenus à accepter que votre existence parsemée d'embûches est avant tout une souffrance qui vous brûle autant qu'elle vous noie dans une indescriptible peine.

L'Archange MICKAËL est votre protecteur et il est ici en cet instant divin pour vous délivrer de cette miséricorde et vous guider vers la voie de la paix, celle qui contribuera à vous rapprocher de votre réalité, celle du bonheur.

Cette voie que vous avez déjà empruntée, vous l'avez abandonnée, déshéritée, en vous protégeant des grâces que je vous offre. Ces grâces divines qui sont la représentation de vos semences de guérison, vous vous en êtes délestés au point maintenant de ne plus parvenir à vous mouvoir en dehors de votre coque qui s'appesantit sur votre tête comme le ferait le fer sur l'enclume.

Les ricochets de votre endurance à vouloir vous armer d'une protection illusoire constituent des éclaboussures qui vous polluent tout autant qu'elles trompent vos semblables. Elles se projettent sur vous et vous entachent à revivre vos « *un-disgrâces* » comme d'éternelles étreintes qui vous calfeutrent les sens autant qu'elles vous pénètrent la chair.

Votre peur englobe votre quotidien et vous arpentez la vie comme une épreuve que seuls les plus forts auront la grâce de surmonter.

Vous succombez tant de fois que votre aventure de la vie est devenue une galère où votre souffrance prend le pas sur cette rive.

Vous n'êtes pas ici pour vous convaincre de lutter pour une éternelle *insouffrance* qui vous transporte autant en elle-même qu'elle évacue en vous tout désir d'y succomber ; car il n'est pas question ici pour vous de triompher par la recherche de *l'insouffrance,* mais de pouvoir vous ré-unir enfin en retrouvant votre amour qui évangélise votre paix.

INTRODUCTION DIVINE

L'ALCHIMIE DU CORPS ET DE L'ÂME VERS UNE GUÉRISON PARFAITE

Vous avez outrepassé votre corps en voulant plus le deviner que le rendre à vous comme divin. Il n'existe en fait aucune dualité si ce n'est celle que vous vous pétrifiez.

Cette dualité qui reçoit votre binéarité vous est incongrue et vous avez appris à prendre ce qui vous est reçu ou ce qui vous est donné conjointement.

Cette apostrophe de votre existence n'est pas une de ses parenthèses mais bel et bien celle qui ponctuera votre vie. Vous avez fini par épargner votre vie en voulant l'enrichir.

Cette vie, qui est votre récipiendaire, recevez-la en vous comme un don, non comme une récompense, car rechercher votre idole ne vous rapprochera pas de votre gloire, loin de là, mais vous éloignera de votre console.

Recherchez en vous ce que vous avez trouvé et apprenez à désapprendre avant de comprendre, car le savoir est votre vision éternelle. Il vous couvrira de vérité si vous consentez à le laisser s'exprimer à travers vous.

Son expression est votre réalisation, car il exposera le reflet qui est en vous et fera jouer les éléments pour qu'aucune onde ne puisse altérer son miroir.

Ce reflet sera l'expression de votre désarroi si vous lui projetez les indélicatesses qui vous déconstruisent autant qu'elles vous empêchent de refléter.

La réflexion vous emporte dans une projection qui neutralise par son opacité ce reflet verdoyant qui illumine votre « *un-condition* » divine.

Ne fléchissez pas de nouveau, car en fait, cette « *un-condition* » n'est que le fruit de votre vérité. Elle est présente en vous depuis votre naissance. Vous l'avez héritée des cieux.

Cet héritage est celui de l'Âme, de votre Âme, qui vous a amenés dans cet espace de vie où le temps s'est immobilisé en vos cieux pour laisser vivre cet instant silencieux qui vous conduira en votre ami le plus fidèle.

Cet ami vous guérira dans la joie de vos retrouvailles si vous lui confiez votre maladie qui depuis des millénaires vous contrarie le verbe.

Soyez sûrs de cela : rejoignez ce temple dès à présent et votre guérison sera votre sanctuaire. Ce sanctuaire est votre aumône et recevez-la en vous comme un enfant rattrape sa balle qu'il s'est lui-même lancée. Cette balle rebondit dans les parois de votre corps et le pénètre en lui diffusant ce que vous avez bien voulu lui projeter.

Ne tentez plus de rattraper cette balle maintenant, car son rebondissement ne fera qu'alourdir votre pénitence.

Ne recherchez pas ce rebond, car le recevoir en vous sera pour vous l'occasion d'observer ce que vous lui avez donné, car le sanctuaire qui est votre refuge désormais vous protège de ces vives tourmentes sans que vous vous égariez à perte de vue.

Ce sanctuaire est votre force libératrice. Donnez-vous la peine de le conserver comme on prend soin d'un musée. Les expositions qui y figureront seront vos victoires car elles cristallisent en même temps votre paix.

Chaque flambeau que vous remportez vous est délivré.

Regardez maintenant votre présence au travers de vos absences, car la plus belle présence que vous puissiez offrir à votre Âme est celle de votre abandon lorsqu'il est conduit par l'amour. Vos émotions reposeront sur le socle de votre paix à la condition que votre ingratitude ne nourrisse votre amertume car la putréfaction de votre air sera celle de votre tombeau.

Revenez à cette *re-naissance*, elle vous fondera dans votre connaissance et vous éloignera autant de vous que l'oiseau qui évite le rapace.

Vous héritez ce que vous vous êtes forgés et cette altération des métaux s'est réalisée sans que vous y participiez. Revenez à cette dissolution et faites cuire sur la braise vos souffrances. Elles vous seront absoutes car la matière ne retient pas l'infinie force de votre lumière.

Soyez présents en cet instant et prenez-le comme votre éternité. Votre éternité vous saluera de son emprise, car c'est à cet instant qu'elle s'arrêtera de suffoquer. Votre indifférence constante et manifeste en sera délivrée si vous maintenez ce cap.

Votre lueur sera votre abysse car elle vous prolongera dans une infinie paix qui aura pour fin votre absolution.

L'archange **JOPHIEL** est ici pour vous diffuser son ensoleillement à vous exprimer avec grâce la densité de lumière qui voyage en vous comme la divine lueur de votre espoir.

Cette lueur que vous n'arrivez pas encore à discerner est une consécration de votre divine essence qui vous construit, chaque jour je vous offre, comme le ferait un oiseau qui construit son nid douillet pour accueillir ses progénitures. Vous êtes ce nid, et l'oiseau qui vous construit est votre lumière qui, travaillant en votre intérieur, reflète aussi à l'extérieur de votre corps divin.

Cette essence de lumière appelée luminescence est votre ressource à la source, car vous êtes avant tout des êtres d'une sublime et souveraine nature de lumière que vous appelez énergie, qui propage en vous votre paix si, néanmoins, vous acceptez d'être au diapason avec elle, car la lumière ne se reflète qu'au travers un objet qui veuille bien la recevoir.

L'opacité nuit à sa transmission comme la transparence reflète son cœur.

La peine que vous vous êtes pardonnée sera votre trophée de vie car il n'existe pas de plus beau don de soi lorsqu'il est tourné vers soi, car chaque don que vous concédez à céder vous enrichis en vous délestant et en vous accompagnant.

Cédez ce que vous donnez et vous irez mieux car l'aide que vous vous offrez sera votre libératrice et votre salvatrice.

Honorez votre cœur car il est votre temple. Plongez-le dans l'eau de votre amour et votre trinité vous sera due. Cette trinité qui vous unit au ciel, à la terre et au saint esprit sera votre récolte. Cette récole est celle du cœur que vous offrez à votre divin.

La pureté de votre Âme résonne en vous comme les rayons d'un miroir qui me parviennent dans une explosion de joie lorsque vous consentez à vous libérer.

Cette libération vous est inconditionnelle et elle vous relie à votre chemin qui vous conduira de vous à moi car nous sommes unis pour l'éternité. Cette éternité vous étreint de sa divine empreinte car elle est votre réalité. Vous êtes, avant d'être ici et en cet instant, des êtres incarnés, des êtres divins qui ont choisi de connaître la dualité pour se rapprocher de moi.

Votre énergie vous est éternelle et elle est le lien qui tisse ce parchemin de vie. Ce parchemin que vous écrivez de vos propres expériences est la trace indélébile de votre existence.

Vous êtes nés pour vous déployer non dans un vide où la peur, l'angoisse et les souffrances vous envahissent, mais dans une unité où le partage est une réalité. Ce partage est celui de votre réalité car l'énergie que vous émettez vous est unique parce que justement elle appartient à un tout.

Cette énergie vous est constitutive comme l'est votre adn. Elle est unique et reliée : reliée à votre divine vie.

Votre énergie est votre identité, votre structure. Elle est votre quintessence ; celle qui compose votre substance. Elle vous est propre et éternelle. Elle marque votre identité sur ce parchemin qui est en fait une de ses facettes. Elle demeurera à l'infini et se propagera en vous à chaque instant car sa première vocation est de vous faire vivre ici.

Retenez ceci : cette énergie est votre composition. Elle vous lie à la matière car elle est au-delà. Elle ne saurait supporter une altération car elle est unité.

Son code propre est celui de l'indépendance et de la reconnaissance.

Vous vivez en elle parce qu'elle est, tout simplement.

Vous vivez par elle parce qu'elle est tout, tout en étant ici séparée.

Vous avez construit votre édifice sur elle, par elle et pour elle. Elle est ce qui vous conduira, vous guidera, vous transformera, vous guérira et vous accompagnera. Elle est en vous, en vous.

Cette énergie est la fluorescence de votre ressenti. Lorsqu'elle est amour, cette fluorescence enivre votre Âme d'un bonheur qui ne peut être égalé. L'amour est sa raison d'être, car sa seule fonction est d'aimer.

Ne retenez que cela.

Vous guérirez parce que vous aimez.

L'amour que vous dégagez sera votre antidote. La force que vous déployez à aimer sera votre guérison.

Sachez que l'amour est plus fort que tout.

Vous pouvez guérir tous les maux que vous vous créez dans cet enchevêtrement d'inconstance à parvenir à vous désaimer. Les maux que vous parvenez à créer sont ceux de votre volonté.

L'énergie, votre énergie, est en constante évolution et vous protégera tout autant qu'elle vous sauvera de cet enfermement illusoire si vous manifestez l'intention divine de vous consacrer.

Vous êtes toutes et tous vos propres maîtres.

Croyez-le.

Votre vie est de connaître et de *re-connaître* votre divinité.

Rien de plus mes enfants.

Je vous aime.

1 - LE CORPS DIVIN

Votre corps résonne en vous, en vos battements qui nourrissent aussi bien votre être que votre Âme.

Vous êtes sur cette terre pour vivre chacun de vos instants en vous. Vos émotions s'accumulent les unes aux autres sans qu'il y ait une réelle injonction logique ; elles vous emplissent comme le ferait une pluie éparse qui remplirait un fleuve.

Seulement ce fleuve qui ruisselle dans vos veines est votre plus belle création car vous vivez ce que vous donnez. Votre être divin est une merveilleuse et unique création qui vient vous glorifier en même temps qu'il peut, pensez-vous, vous accabler. Vous êtes à l'origine de votre mal ou de votre bien, quoique vous puissiez à cet instant en penser.

Vous êtes une création qui agit sur terre comme le ferait une pierre précieuse au milieu d'un champ. Vous brillez : mais cherchez avant tout à briller pour vous et uniquement pour vous.

Contemplez votre œuvre, l'œuvre de Dieu en vous, et vous comprendrez que maintenant vous savez.

Vous réunissez en vous en chaque instant le miracle de la vie qui prend ses sources dans chacune des cellules de votre corps.

Vous êtes l'ambassadeur de l'œuvre divine de la création !

Votre corps est votre temple. Nourrissez-le de ce que vous êtes et vous lui ferez le plus bel honneur qu'un être cher puisse offrir à son enfant.

Je ne suis pas ici devant vous pour vous témoigner ma re-connaissance. Je suis ici en cet instant pour vous la faire rappeler. Re-connaissez ce que vous transportez et prenez-en soin comme s'il s'agissait de moi.

Car, en fait, je suis en vous.

Votre divin vous appartient si vous comprenez que le corps qui vous habite fait partie de vous autant que de moi. Assurez-vous que les choix que vous lui faites correspondre sont issus avant tout et pour tout de votre Âme. Car, je vous le dis dès maintenant, ne concevez pas de division entre votre corps et votre Âme car, en vérité, il n'en existe pas et il n'en demeurera aucune.

Votre corps est une extension de votre être.

Retenez ceci en cet instant.

2 - L'INDIVISION DE L'ÂME PAR LE CORPS DIVIN

Votre corps est une source inépuisable de richesses qu'il est grand temps ici et en cet instant saint de *re-connaître* et de bénir, car votre richesse vous tend les bras. Il suffit de vous rendre à l'évidence.

Cultivez votre corps qui est la plus formidable exploitation que vous puissiez fertiliser. Vous êtes habités par une divine essence qui ne demande à chaque instant qu'à être *re-connue* et vivre un amour unique.

Cependant, le corps qui vous est donné n'a pas été pour vous l'occasion de l'aimer à sa juste et divine merveille.

Re-connaissez maintenant que le fruit de votre être porte en lui un nectar qui fera de vous un être enrichi d'une spectaculaire et infinie force d'amour.

Or, pour rejoindre cette force d'amour qui vous habite, la solution la plus juste serait de la *re-connaître*. Vous vivez dans une inconstance à vous méconnaître, car vous estimez que passer votre temps futile à vous éviter vous permet, vous semble-t-il, de vous rapprocher d'un bonheur impie. Cependant, cette quête de bonheur, dont vous vous affranchissez au point de vous cultiver à vous oublier, vous fait dériver hors de vous et mal-heureusement tout en étant en vous.

Cette méconnaissance hasardeuse de vous vous inonde de ce que vous n'êtes pas, car je vous le dis à cet instant, vous trempez votre Âme dans une boue infÂme à vouloir l'éviter. Soyez clairs en ce point : vous transformez votre état d'être en un non-état latent qui pâlit à se voir.

Regardez-vous et observez en vous maintenant.

Votre corps divin vous répond à cet instant.

Comprenez ceci : vous vivez en vous ce que vous vous projetez.

Vous habitez une demeure qui embellit vos actions si vous consentez à devenir cet être qui est en vous.

Votre corps divin est cette substance qui sommeille en ce moment en vous et tente par d'innombrables moyens qui vous entourent de vous inciter à suivre la voie de votre Âme. Toutes les cellules de votre corps sont en effervescence en cet instant pour que se produise cette douce et heureuse rencontre.

Faites silence maintenant.

Rejoignez votre cœur.

Écoutez, et vous entendrez un doux murmure qui fait silence en vous et vous appelle à lui.

Ce doux murmure est votre Âme qui vous tend les bras.

Soupirez pour vous apercevoir que votre désarroi de ce moment est celui de votre Âme.

Votre corps divin répond à votre intention.

Cette intention que vous manifestez en chaque instant est celle de la vie. Prenez conscience que cette vie qui vous est donnée vous est concédée parce qu'elle fait partie en fait de nous vers vous.

Vous êtes l'acteur de votre vie tout en étant son interprète. Votre corps divin est lié à votre Âme comme votre Âme est liée à vos viscères.

Chaque cellule de votre corps est le siège de votre Âme.

Souvenez-vous de cela.

Il n'y a pas de division dans l'amour, car ce qui est uni l'est pour l'éternité. Cette force d'union qui vous anime et vous guide est la révélation de votre être.

Vous ne pouvez pas bâtir une charpente sur un vestige.

Croyez-moi et croyez en vous dès maintenant, car votre vie est une heureuse et merveilleuse bénédiction si vous vous persuadez enfin à admettre que vous m'êtes unis pour l'éternité.

Votre corps est une enveloppe divine qui ne demande qu'à s'exprimer au travers de son Âme qui se reflète en vous comme le fait le Soleil sur la Terre.

Vous êtes cette terre qui vit et qui s'exprime. Le soleil est votre Âme qui resplendit en elle.

Les couleurs qu'elle renvoie sont celles que vous lui donnez.

Cela ne demande aucune réflexion de votre part si ce n'est celle de l'innocence.

Murmurez à votre Âme comme le ferait un enfant qui accueillerait en lui sa mère. Il s'agit du murmure de celui de l'enfance, car rien n'est plus doux que l'Amour lorsqu'il est donné sans espérer.

Vous êtes dans cette espérance.

Réagissez !

N'espérez rien car je vous le donne avant même que vous en exprimiez l'idée.

Votre corps est un abri. Comportez-vous avec lui comme s'il s'agissait de votre propre mère ; celle qui vous a donné la vie. Prenez soin de votre corps comme s'il s'agissait d'elle.

Vous produisez en vous ce que vous vous êtes créés.

Votre Âme est votre lumière ; votre corps, votre réceptacle. Il vit grâce à elle et meurt en la rejoignant.

Ne sous-estimez jamais la puissance infinie de votre corps divin.

Il vit comme le ferait un avatar dans son ensoleillement. Sa Puissance est issue de celui-ci sans en être la cause car la lumière ne peut être reçue en pleine nuit.

Vous construisez ce réceptacle en vous, en le feutrant de lumière divine.

3 - LE CORPS : SOURCE DIVINE DE LUMIÈRE

Votre corps rassemble en lui toutes vos lumières. Par lumières, je veux vous faire concevoir qu'il n'existe que les lumières que vous exposez.

Vous vous enrichissez des lumières que voulez bien communiquer en dehors de vous.

Les lumières qui communient en vous sont votre pure création.

Elles entrent comme le fait le vent qui pénètre dans une grotte, et ressortent de celle-ci pour en rencontrer d'autres.

Ces lumières divines qui se nourrissent de votre être au plus profond de lui-même sont votre pur édifice, sachez-le.

Vous vous construisez par ce que vous libérez et recevez.

Vous recevez ce que vous libérez.

Cette fluidité qui vous est propre, en même temps qu'elle est partagée, est votre propre et divine nature. Votre corps reçoit en chaque instant ce qui lui est donné.

Vous êtes les témoins et les acteurs de cette communion tout en en étant les dépositaires.

Vous détenez ce que vous partagez et recevez.

Il s'agit d'une règle que vous avez bien apprise et qui vous enseigne que rien ne se perd et tout se transforme. Ces échanges que vous appelez « énergies » vous sont délivrantes si vous maintenez, dans vos choix, votre Âme.

Concevez dès maintenant que votre Âme est votre libératrice de chaque instant.

Elle fige en vous votre paix si vous décidez de livrer à elle vos peurs, vos angoisses.

Sachez que sa seule fonction est de vous rendre heureux ; son seul espoir est de vous dire combien elle vous aime ; sa seule attente est de vous accueillir en vous.

Elle est votre plus fidèle amour.

Rejoignez-la et vous comprendrez qu'elle est votre plus intime amie. Son œuvre commence à l'instant où vous avez manifesté l'intention de la rejoindre.

Sa lumière vous pénétrera de tout votre corps et se propagera dans toutes vos cellules lorsque vous entamerez ce désir de communion.

Croyez-le : le but de votre existence sera atteint au moment où vous associerez votre Âme à toutes vos pensées, vos paroles et vos actions.

Vous êtes sur ce filament qui vous conduit vers la liberté de ce que vous êtes.

Ayez à l'esprit que ce filament fleurit de bonheur à vous savoir proche de lui, intime. Rejoignez-le ; il vous mènera en toute sécurité vers votre tracé, le plus soyeux qu'il soit. Ce tracé vous est unique si vous maintenez ce cap sur ce fil tendu. Il est implanté dans toutes les parties de votre corps les plus infimes soient-elles, et vous reluisez de bonheur à vous confondre enfin avec lui.

Les troubles que vous avez connus vous sembleront subitement limpides et non obstrués par une quelconque et hasardeuse peur que vous vous êtes contraints à endurer.

Cette lumière, recevez-la comme une offrande qui vous donne non seulement la paix avec vous-mêmes, mais sûrement et incontestablement la garantie de vivre chacun de vos instants comme une consécration de votre éternité qui se rejoint à moi.

Votre lumière vous est éternelle, et le savoir en cet instant de vie vous édifie comme le précurseur de votre bonheur qui se construira devant vous sans que vous puissiez imaginer sa réelle finalité.

Ayez conscience que votre existence est liée à ce que vous vous créez.

Créez, dès lors, une harmonie de paix avec votre Âme qui vous séduira de sa vertu : celle de l'amour qui scindera votre attente en une certitude de bonheur. Ce bonheur vous attend en chaque cellule de votre cœur. Ressentez-le maintenant et vous établirez une jonction qui vous sera éternellement due.

Votre corps ressemble en ce moment à un précipice qui vous emmène dans une chute que vous ne parvenez pas à freiner. Cette chute vous est incontrôlée, car vous ne donnez pas cette impulsion en vous qui fera en sorte de stopper sa progression. Il ne vous est pas demandé de vous abandonner mais de lâcher cette prise qui vous emmène seul à essayer d'entreprendre l'impossible. Car l'impossible à vos yeux n'est, pour l'Univers, que la réalisation de soi.

Vous êtes dans un état de somnambule qui vous conduit là où vous pensez aller sans en voir le chemin.

Ouvrez votre cœur à votre Âme et vous comprendrez que ce chemin est déjà tout tracé. Il l'était avant même que vous puissiez le construire de vos propres mains. Laissez-vous aller sur ce chemin en ôtant ce qui a pu vous obstruer la vue.

Regardez cette pénombre qui prend forme et s'affiche dorénavant dans une lumière à peine perceptible. Cette vision que vous recouvrez le temps d'un instant saint est le plus merveilleux des cadeaux que vous pouvez vous offrir : celle de la connaissance retrouvée de votre Âme qui est en train en cet instant divin de vous prendre dans ses bras d'Amour.

Blottissez-vous maintenant contre sa douce force.

Il est enfin temps pour vous de sentir le bonheur qu'elle est en train de vous propager. Cette propagation de lumière divine vous étreint au plus haut point si vous consentez à lui accorder sa grâce.

Cette grâce vous est donnée si vous lui accordez et *re-connaissez* sa pureté.

Quoi que de plus pur que l'Amour que je vous donne en cet Instant ?

Prenez-le : il vous est offert pour l'Eternité si vous acceptez de le confier à votre Âme.

Cette douce lumière qui recevra votre intention est la consécration de votre vie, car Aimer est votre seule fonction.

Votre soleil est en vous et vous inonde d'une lueur incandescente qui se propage dans toutes les cellules photogéniques de votre corps. Elle est en vous et agit pour vous sans l'ombre d'un doute de faiblir sa douce force de paix et de bonheur.

Malheureusement, cette lueur ne vous apparaît pas comme une divine et merveilleuse bénédiction parce que les tourmentes de votre essence lui font ombrage au point qu'elle vous soit cachée.

Cette lumière vous est essentielle et non artificielle. La voir pour la percevoir reste pour vous le seul moyen de la ressentir au plus profond d'elle-même.

Cet ombrage qui cache cette lumière n'est que le voile de votre abstinence à désirer que le meilleur puisse vous parvenir. Ce meilleur que vous ombragez par peur n'est que le reflet de votre divine essence : celle qui vous mènera au centre de votre soleil qui est la résonance de votre âme.

Ce soleil, que vous confondez avec votre désir de réussir, est une source divine de lumière qui prend naissance en son centre étincelant. Une étincelle qui rallume cette mèche d'espoir peut en chaque instant vous parvenir. Pour qu'elle puisse fleurir en vous de mille feux, manifestez une joie dont la raison vous est imperceptible car il n'existe pas de plus belle joie que celle qui prend naissance pour qu'aucune raison puisse entacher sa raison d'être.

La manifestation de la joie est le déclencheur de votre étincelle qui vous illuminera en prenant conscience que vous ne devez rien attendre dans la joie d'aimer car, à elle seule, elle est tout.

L'amour n'est pas un artifice, car son feu n'a pas besoin de conditions pour réfléchir en vous.

Cette réflexion de votre amour est votre délivrant rayon qui vous libérera de votre prison, car vous vous êtes auto-enfermés dans une situation qui a clôturé votre espoir et a configuré votre essence en une recherche de plaisir univoque qui n'a pas contribué à vous rassasier. Nourrissez-vous de cette lumière étincelante qui éclairera vos émotions et les travestira en de sublimes éclairs qui jailliront de vous pour rejoindre l'univers où ils se dissiperont en lui.

Ces fragments d'émotions qui vous traversent l'esprit agissent comme une combustion qui inhibe votre divine et resplendissante nature. Cette inhibition cache, par l'ombre qu'elle déploie, votre sourire intérieur qui est alors camouflé et vous astreint à vous éloigner de la joie de vivre.

Cette joie de vivre est votre lumière qui vous est divinement offerte, car la vie est avant tout un don que notre Père vous a offert.

Cette vie, chérissez-la de mille feux en vous, et elle resplendira comme un tonnerre jaillit dans le ciel étoilé. Cette voûte étoilée est votre pure création céleste. La nuit ne saurait recevoir la lumière, car l'ombre ne reflète pas mais projette sur le sol sa forme qui n'est en fait que la matérialisation de sa manifestation.

La lumière se reflète en vous parce que vous rayonnez l'envie de vivre et d'aimer. L'amour est votre propre générateur de lumière. Il illuminera votre vie et la recouvrira d'une resplendissante robe, si vous concevez votre vie comme une façon unique d'aimer.

Votre métamorphose consiste à vous introduire dans cette sphère qui vous couvrira d'une épaisse et glorieuse joie d'aimer.

Plongez dans cette sphère, car elle vous dévoilera que l'amour vient de votre intérieur.

Vous êtes des êtres qui illuminent par leur beauté intérieure qui scintille à chaque fois que vous lui transmettez l'amour que vous venez de recevoir. Mais cet amour, pour qu'il soit divinement transmis car reçu, doit être donné.

Vous êtes avant tout les émissaires de cet amour.

Unissez-vous maintenant à cette réalité.

4 - L'UNIVERSALITÉ DE VOTRE NATURE DIVINE

Votre divinité s'inscrit dans un enchevêtrement de terminaisons qui compose votre liaison divine. Cet enchevêtrement de vos terminaisons se trouve à la périphérie de votre centre énergétique que vous nommez le cœur.

Vous avez construit durant vos vies ces nombreuses liaisons qui vous ont conduits à vivre et revivre sans cesse les mêmes expériences sans les rechercher, car ces dernières s'inscrivent en vous comme des messages indélébiles qui tournent dans vos sens avec une constante ferveur sans que vous puissiez en connaître les origines terminologiques.

La ressource que vous avez engagée se trouve dorénavant amoindrie, touchant votre capacité vitale à supporter cette nébule disgracieuse qui pigmente votre existence au point maintenant de ne plus suffire à vous-mêmes. Votre condition se trouve enchevêtrée dans cet enfermement obsessionnel qui perdure votre souffrance comme le souffle envahit votre corps.

Ces liaisons que vous avez créées sont pour vous le dessin de votre expérience de la vie, et ces nombreuses terminaisons sont pour vous d'incontestables endurances à revivre les mêmes peines, les mêmes contraintes qui posent sur un socle en vous votre immobilisme réactionnel.

Sachez que les expériences de votre existence ne constituent que les fondements de ces liens qui vous sont libérés.

Ces terminaisons qui traversent votre cœur sont extrêmement conductrices et conditionnent chacun de vos pas, de vos gestes. Elles sont pour vous des terminaisons nerveuses ; mais sachez que votre cœur commande en vérité ce centre névralgique. Ce centre névralgique commande vos émotions et guide chacun de vos ressentis. Ces terminaisons sont le fruit de vos expériences passées que vous avez connues ou méconnues durant votre vie. Elles forment un blocage en vous si vous estimez que leurs diffus va-et-vient vous suffisent pour régenter votre espace-temps.

Soyez à l'affût, car l'absorption de ces messages n'est pas sans effet : elle purge votre vie des instants que vous auriez pu lui créer. Cette combinaison de diffusions qui vous traversent l'esprit autant que la matière, empreinte votre vie d'un conditionnement qui peut vous perturber la tâche, au point de vous transformer en pantins réactionnels qui s'approprient ce qu'ils ont appris au détriment de leur savoir divin. Car vous êtes avant tout des êtres universels qui épousent en chaque instant la pure et infinie force d'amour de notre Père.

Votre transversalité horizontale vous fait découvrir votre transversalité divine, car vous êtes unis à votre divinité autant que vous êtes liés aux uns et aux autres.

Cette transversalité horizontale vous confond aux uns et aux autres par une pure navigation qui vous propulse, si vous l'entendez, en votre transversalité divine. Cette transversalité divine vous assemble les uns aux autres par votre lueur d'amour le temps d'un instant divin, si vous estimez utile que prendre la connaissance en vous pour la diffuser la transgresse en un don qui vous est partagé.

La connaissance de votre impétueuse condition n'est pas la solution pour recevoir une telle offrande, mais c'est bel et bien l'acceptation de recevoir en vous votre divine nature. Les liens que vous composez sont votre structure de vie.

Les émotions qui vous traversent sont celles de vos émois, car apprendre à renoncer à ce qui vous unit vous sépare des autres. La recherche de votre universalité réside dans l'acceptation divine de cette union qui projette en vous une réconciliation avec votre essence, car la martyrisation de votre état est le propre fait de votre insupportabilité à tolérer en vous cette union divine.

Vous êtes entourés par de sublimes et divines lumières qui, avec une force d'amour, vous guident, si vous estimez utile qu'ouvrir votre cœur vous rendra la possibilité certaine de rompre avec votre adversité diffuse. Cette adversité corrompt autant vos sens que votre engagement à enfin croire que la vie, si vous la prenez comme une source inépuisable d'amour, vous est bénie par ma sainte et merveilleuse richesse éternelle, infinie et divine.

La reconnaissance de votre diapason est entre vos mains si vous maintenez votre cœur ouvert à recevoir une telle bénédiction.

Les terminaisons successives de votre passé vous seront éteintes, et une nouvelle voie vous sera édifiée : non celle de la gloire et de l'insatisfaction d'aimer, mais celle de la perte de votre peur, de vos souffrances. Votre gloire à tressaillir plus qu'à embellir vous sera dissoute pour laisser la place à une onction divine qui flottera en vous et vous propagera une incontestable paix enivrante et communicante.

4 - L'APPROBATION DE VOTRE DIVINITÉ A VOTRE RÉELLE NATURE

La source qui vous nourrit est une éclosion d'amour qui fructifie d'instant en instant, si vous supputez à vous octroyer le droit de ne plus souffrir, et de faire apparaître en vous une éclosion d'amour qui fera renaître votre impulsivité à vous voir comme, avant tout, des êtres qui sont gouvernés par l'âme de leur cœur.

Cette âme est en vous, comme elle vous est éloignée à chaque fois que vous lui infligez des sévices. Ces sévices n'ont pour répercussion qu'un retentissement de votre illusion à croire que votre nature est figée en vous, et qu'elle est guidée par votre incohérence à dé-croire que vous êtes des êtres d'une divinité absolue. Cette divinité ne présente de limites que celles que vous vous infligez comme celles de vos repentances qui sonnent en vous le glas de votre pénitence.

Vous avez appris à souffrir, et cette appréhension de cette souffrance vous a cloîtrés dans une incohérence de vie où la sublimité des valeurs que vous vénérez est celle qui vous fera perdre la foi de vivre.

Votre univers, morcelé par votre incompréhension divagatrice à vous lamenter sur vos attitudes, est devenu en cette liaison funeste une prise de pouvoir où la conquête de votre paix rime avec une imprescriptible peine à vous autoproclamer maîtres de votre divine nature.

Vous avez appris à décroître votre investiture comme le ferai un roi sur la potence. Mais ce sacrifice, qui a pris naissance en vous comme la victoire d'un insurgé, est le fruit de votre illusion à croire que vous êtes nés ici pour vivre une sentence.

Cette sentence inachevée que vous percevez comme le fruit de vos souffrances est inscrite en vos entrailles comme la sainte terre l'est pour le soleil.

Vous avez négligé votre joie de vivre en la métamorphosant en une stupeur de chaque instant qui vous relie à votre éternité comme le soufre nourrit le feu.

Votre dilapidation de sentiments vous a contraints à perdurer dans cette voie sans savoir comment vous en sortir. Vous êtes devenus des êtres aux souffrances affligeantes qui martyrisent leur surface d'une épaisse fumée nauséabonde qui putréfie vos sens aussi bien qu'elle vous fustige en de cruels apôtres de votre vie.

Cessez de vous combattre, et ayez à l'esprit votre divine nature qui est en vous avant même que vous ayez pensé qu'elle y soit. Votre nature divine est l'éclosion de votre divine essence et elle ne saurait être blasphémée.

Vous vous êtes éconduits en vous et en dehors de votre divinité pour asseoir une place parmi vos semblables à croire que la vie ne vaut la peine d'être vécue que par la souffrance à espérer que votre mort sera votre libératrice.

Vous portez ce trophée sur vous comme un supplicié brandit sa sentence. Revenez à l'être que vous êtes et cherchez plus à voir qu'à occulter, à respirer qu'à étouffer et à vivre plutôt qu'à mourir.

Cessez de brandir votre fardeau et commencez à insuffler votre divine nature pour qu'elle puisse enfin se révéler à vous comme une évidence.

Votre labeur ne rimera pas avec douleur lorsque vous aurez enfin fini d'admettre que votre incompréhension est l'aboutissement de votre finition de rester figés dans des errements existentiels qui glorifient vos pulsions existentielles à demeurer vivants par l'insouffrance que vous idolâtrez au point d'en faire profiter son corollaire à votre assemblée.

Vous vous êtes autoproclamés rois de votre cour qui ruisselle de votre insuffisance manifeste et constante à glorifier vos erreurs, comme si le règne que vous avez choisi de gouverner est celui de la compromission de vos désirs les plus funestes de vous rendre la vie pénible pour atteindre la gloire de votre nature divine.

Vous suffoquez lorsque vous admettez que le bien est en vous, quand vous vous abandonnez à vous. Suffoquez votre raison qui vous pousse à ressentir cet enchevêtrement de nuisances et revenez à ressentir votre respiration, celle qui vous étreint dans un amour tel qu'il ne peut pas ne pas être, pour enfin rejoindre votre âme qui se trouve en vous, non sur un piédestal mais sur vous, en vous. Elle vous guidera pour rejoindre votre aurore de bonheur.

Ne succombez pas à la tentation de la repousser, car c'est en la repoussant que vous attirerez ce à quoi vous succombez.

Recevez la puissance divine de votre nature en admettant sa présence en vous comme une bienfaitrice et heureuse bénédiction.

6 - L'APAISEMENT DE VOTRE SOUFFRANCE PAR VOTRE ÂME

Votre histoire a débuté alors même que vous avez décidé de la renier.

Par cet emploi qui vous paraît certes impropre, je veux vous faire enfin comprendre que votre vie est une série d'épisodes qui prendront fin lorsque vous aurez décidé d'y mettre un terme. Il n'est pas question ici de renoncer à votre propre vie mais de lier les chapitres qui la constituent.

Il s'agit pour vous enfin de *re-connaître* cette substance qui est présente en vous depuis votre bénie création, pour que vous puissiez l'épandre dans votre vie comme le ferait une vague immense qui inonde sans fin un rivage.

Cette vague que vous tentez désespérément de déverser dans cet océan de peurs vous inonde au point de constamment vous effrayer.

Vous ne pouvez pas combattre la peur en vous armant de la sorte, car en fait, ce combat que vous menez depuis l'aube de votre existence vous est illusoire. Il vous étreint dans votre être comme un condamné qui attend sa sentence.

Rapprochez-vous de votre Âme, maintenant.

Elle accueillera en elle vos plus profondes peurs.

Elle amènera en vous cette vague douce et paisible qui cajolera votre divin et majestueux corps subtil en une enveloppe aussi pure que la colombe qui se pose sur votre nid d'espérance.

Vous avez tant voulu échapper à son envol que maintenant vous ne percevez plus le moindre de ses mouvements. Pourtant, vous avez déployé d'immenses efforts pour parvenir à retrouver sa majestueuse danse étoilée.

Votre course vous a conduits au centre d'une *douleur* plus qu'elle vous a menés dans une quête paisible de votre Être.

Soyez sûrs que vos efforts ne sont pas vains si vous considérez dès lors que votre recherche s'appuie maintenant sur une pure et inconditionnelle paix intérieure qui vous blottira de toute sa force et vous ramènera à votre propre nature. Cette nature que vous avez cherché à duper est votre libératrice.

Votre source de joie a été altérée par votre goût amer de la réussite.

Vous avez construit votre passage sur terre en oubliant que vous n'êtes pas ici pour sur-vivre en englobant plus qu'en donnant.

Vous êtes ici en cette sainte terre pour vous libérer en propageant vers les autres ce que vous avez de meilleur. Or, c'est en vous sacrifiant que vous êtes parvenus à vous délaisser.

Il ne vous était pas demandé de vous abandonner de la sorte, mais juste de concevoir que vous êtes, avant de devenir des êtres martyrisés, des êtres divins qui ont en eux une source infinie de paix qui ne demande qu'à éclore.

Cependant, votre Âme a besoin en elle de ce soleil que vous ombragez avec votre insouciance à estimer que le pire mérite d'être atteint.

Laissez en vous grandir cette fleur et s'écouler en vous sa douce substance qui baignera en vous une heureuse et bienfaitrice perfection.

Vous accumulez depuis si longtemps vos peurs que vous vous demandez maintenant comment sortir de ce gouffre qui vous maintient alertes mais qui vous contraint de rester cloîtrés dans une pièce sombre qui vous procure autant de souffrance qu'elle vous en a fait hériter.

Oui, par cette périphrase, je veux vous faire admettre que vos souffrances sont les nôtres.

Retenez ceci, entamez une liberté de vouloir sortir de cet enfermement qui menace votre paix aussi bien que votre santé.

7 - LA SANTÉ DE L'ÂME RETROUVÉE

Votre Âme entretient une liaison continuelle avec votre divine essence.

Cette liaison se réalise en chaque instant selon une configuration qui, pourtant simple, vous est imperceptible.

Cette configuration est un espace dans lequel l'Âme agit avec son amour au sein de votre cœur pour que vous puissiez deviner et admettre enfin sa réalité.

Cette *re-connaissance* ne peut se réaliser que si et seulement si vous disposez en vous d'une réelle intention de la découvrir.

Ce cheminement, qui vous appartient parce qu'il est libre, vous est divin.

Vous ne pouvez pas approcher de la vérité si vous vous éloignez de vous-mêmes.

Vous êtes unis par ce qu'il y a de plus beau en vous.

Votre Royaume est celui de l'Amour.

Soyez sûrs que vous êtes ici en cette divine et sainte terre pour réussir à vous ré-unir.

Cette volonté d'accéder à cette divine rencontre vous conduira là où vous avez toujours voulu vous rendre sans même y renoncer.

Votre volonté de toucher enfin à ce que vous cherchez dépend uniquement de vous, de votre inaptitude à vouloir continuer sur la même rive.

Or, cette rive qui, pourtant, vous a échoués maintes et maintes fois, vous a dérivés dans d'austères cheminements qui vous ont noyés dans d'immenses cauchemars qu'il est grand temps maintenant d'effacer.

Il en va de la santé de votre Âme car elle seule peut vous délivrer de cette déroute.

8 - LA RENCONTRE DIVINE AVEC VOTRE ÂME

Votre Âme est en vous sans que vous puissiez en cet instant saint vous y unir.

Or, cette union divine vous est accomplie si vous *re-connaissez* que votre être est celui de la perfection.

Entrez en vous comme s'il s'agissait de votre propre logis.

Restez maintenant au cœur de votre maison.

Blottissez-vous dans cet espace de paix et observez ce qui se passe en vous.

Une lumière douce descend en ce moment et vous inonde de réconfort.

Visualisez cette lumière de paix qui pénètre dans votre cœur et soumettez-la à votre intention de liberté.

Elle emplit vos vaisseaux comme le ferait une onde qui vient à vous.

Vous ressentez alors une paix qui se propage au niveau de votre corps.

Cette paix qui est venue vous visiter comme le ferait votre ami le plus fidèle peut rester chez vous le temps que vous souhaitez.

Installez-le confortablement et profitez de sa présence.

Vous savourez maintenant cet instant unique qui vous unit.

Vous venez de sentir votre Âme en vous.

9 - SAVOIR PARLER A SON ÂME

Cette rencontre que vous venez de sentir en vous est le soubassement de votre épanouissement. Il vous appartient dorénavant de *re-nouveler* cette visite quand vous le désirez.

Car votre Âme est en vous à chaque instant et ne demande qu'à vous rencontrer.

Sachez dès à présent que cette rencontre vous sera plus facile car vous venez de créer des liens qui maintenant sont en vous et permettront de faciliter cet échange à la condition que vous en exprimiez l'intense intention qui inscrit cette volonté comme une force d'Amour.

Soyez sûrs de cela.

Vous avez réalisé le premier pas qui consiste à vous lier à votre Âme le temps d'un instant.

Cet instant divin s'est inscrit dans l'Univers comme l'est la source qui reflète en vous.

Cette communion qui vous est réelle peut, si vous le souhaitez, être accompagnée d'un mode d'échange que vous êtes capables de réaliser à la condition d'être attentifs.

Re-sourcez-vous maintenant et rejoignez cet espace de paix que vous venez de quitter.

Une lumière encore plus fluide pénètre vos vaisseaux et vous parvenez plus facilement cette fois-ci à atteindre cet espace.

Ressentez chaque instant qui compose cette étape.

Une lumière vous réconforte et vous vous sentez paisibles.

Il n'existe plus de distance qui sépare votre Âme et votre Corps Divin.

Lisez en vous et écoutez.

Ressentez cette paix au niveau de votre cœur.

Ecoutez-la et ne cherchez pas à la comprendre.
Ressentez ce paisible courant qui vous emmène très loin de votre torrent où le bruit tumultueux s'emporte dans un précipice, votre précipice de vie qui vous prie de bien vouloir écouter la paisible brise qui sommeille en vous.

Ne soyez pas critiques non plus à ce stade car votre critique l'emportera. Soyez vous-mêmes, tout simplement.

Cet être qui navigue sur des eaux calmes et se laisse bercer au rythme d'une vie s'offre à lui-même.

Car la vie vous est offerte à chaque instant.

Récompensez-la en lui donnant ce qu'elle veut, ce que vous souhaitiez pour elle : la tranquillité de l'Âme qui viendra en cet instant en vous comme emprunte de son éternité.

Ecoutez maintenant sa voix qui vous mènera près de votre cœur.

Ressentez cette intention de l'effleurer avec votre parole qui vient de votre cœur.

Dites lui :

" Je te re-connais en cet instant d'éternité comme mon amie la plus fidèle. Tu es en moi depuis que l'Eternité nous confond en une majestueuse et divine étreinte d'Amour. Reçois cet Amour Eternel. "

Ressentez chacun de ces mots en vous.

Vous venez de parler à votre Âme.

10 - SAVOIR ÉCOUTER SON ÂME

Vous êtes parvenus à vous lier à votre Âme en vous livrant par le cœur.

Sachez que ce geste vous est éternel.

Il restera inscrit en vous jusqu'au dernier instant de votre vie pour sublimer en rejoignant votre éternelle Lumière.

Cet instant que vous avez consacré à luire est la plus belle offrande que vous vous faîtes.

Votre Âme est maintenant prête à vous recevoir.

Elle diffusera en vous sa divine foi et vous immergera de sa paix, de sa douceur et de sa joie de vivre car vous êtes nés ici pour vivre en vous ces instants que vous retrouvez dès à présent.

Ecoutez son doux murmure qui traverse votre cœur autant que votre être divin.

Faites silence comme si vous vous trouviez dans votre cœur et que vous vous laissiez emporter vers cette étendue de paix. Vous n'avez rien à faire si ce n'est de vous y abandonner.

Perdez-vous dans cet espace de tranquillité qui vous abrite des peurs que vous vous êtes tant créées.

Je suis là en cet instant saint avec vous.

Rejoignez-moi.

Ce merveilleux cadeau que vous vous offrez, je le reçois en vous car vous vous le donnez.

Regardez maintenant cette paix qui trône en vous comme une escarcelle.

Vous vous visualisez maintenant rejoindre cet infini et paisible espace.

Sentez cet air libre et libéré qui vous traverse.

Votre Âme est, en ce moment divin, en train de vous répondre.

Ecoutez comme si vous vouliez vous rendre dans l'endroit qui vous enchante le plus merveilleusement et faites en sorte que ce voyage se réalise sans que vous vous déplaciez.
Rejoignez cet espace qui est en vous.
Vous n'avez pas besoin de vous déplacer, de voyager, car cet endroit se trouve en vous, confiné dans la respiration de votre cœur qui s'émerveille à chacun de ses battements de vous voir en lui réuni.

La paix de votre vie commence en ce point.

Regardez-le par les yeux de votre Âme.

Vous n'avez pas besoin de la vue pour vous apercevoir que le chemin de vie que vous prenez est celui qui correspond à celui de votre Âme.

Il vous suffit de ressentir cette paix en vous dans chaque situation que vous connaissez pour mettre en évidence que vous ne faites pas fausse route. La route que vous choisissez est celle qui vous emplit d'une joie intérieure car vous ressentez en cet instant saint une *béatitude*.

N'ayez maintenant mes enfants aucune crainte.

Je suis ici et maintenant pour vous aider à conserver cette paix.

Manifestez-moi cette intention de lumière et je vous l'accorderai comme un père qui veut bien prendre soin de son enfant.

L'amour que vous offrez à votre Âme est votre plus belle offrande car elle vous versera une infinie paix.

Soyez sûrs de cela. Il n'y a rien qui puisse vous rendre plus heureux que de savoir que vous venez de me rejoindre, de vous à moi.

Je vous aime mes enfants.

11 - SAVOIR AIMER SON ÂME

Cette communion emplie de joie intérieure vous a été propagée car vous avez manifesté l'intention de vous y rendre.

Cette intention que vous avez manifestée vous a été propice car elle reposait sur un champ d'Amour que vous êtes venus fructifier par votre contemplation en cet instant saint.

L'amour que vous avez déployé a permis de vous faire grandir et de vous faire prendre maintenant conscience que vous êtes accompagnés par la plus belle et fidèle amie que l'Univers a créée pour vous.

Faites l'effort de la rejoindre le plus souvent qu'il vous est permis de le faire car chaque rencontre est pour elle la seule preuve d'Amour que vous puissiez lui témoigner.

Rendez lui grâce en vous accueillant en son temple de paix et vous obtiendrez sans le demander la paix, la joie et le bonheur de chaque instant.

Votre déclaration d'Amour que vous avez offert à votre Âme est votre *re-connaissance*.

Cette *re-connaissance* est en mesure d'être embellie par une culture d'Amour qui fera fleurir son envol.

La plus singulière preuve d'amour que vous pouvez offrir est de lui consacrer votre instant de grâce et de considérer enfin que vous ne faites qu'un avec votre Âme et qu'elle ne fait qu'une avec vous.

Il n'y pas de loi qui soit au-dessus de celle-ci.

Affranchissez-vous des règles formatrices qui vous ont domestiqués plus en apprenant qu'en sachant.

Il n'y a qu'une seule Loi, celle de l'Univers : vous êtes ce tout en vous et votre être compose cet Univers autant qu'il le compose en vous.

Votre puissance d'Amour infinie est une consécration de chaque instant qui vous amènera avec douceur vers cette plénitude que vous cherchez tant à atteindre.

Cette plénitude vous est donnée et elle est votre force d'Amour car l'une et l'autre sont indissociables.

Vous vivrez dans l'abondance de l'Amour si vous reconnaissez que cette abondance est l'Amour.

Soyez clairs en ce point : vous êtes ici pour aimer tout simplement.

Rien de plus que cela.

Rejoignez cet Amour qui vous attend et vous le deviendrez.

12 - SAVOIR GUÉRIR SON ÂME

Votre Âme est maintenant connectée en vous par le miroir de cette connaissance que vous venez de retrouver.

Ce miroir, si vous vous regardez dedans, resplendit et projette une lumière qui atteint tout ce que vous vivez.

Vous êtes maintenant en osmose avec votre Âme à la condition de conserver cette intention première qui vous appartient.

Il y a eu bien des moments où votre Âme a fait l'expérience de ce refus de connaissance que vous lui avez manifesté soit par ignorance ou soit par rejet.

Votre Âme en a souffert tout autant que vous.

Maintenant, en cet instant, il vous est donné la possibilité divine de guérir miraculeusement votre Âme de ces expériences qui l'ont contrainte de vivre des espaces de temps qui vous ont forcés à l'oublier.

Ces espaces de temps, que vous avez pris pour habitude de situer sur une échelle, sont en fait un seul et même instant qui se confond en votre divine éternité.

Ces espaces de temps ont pris leur place dans l'Univers où vous agissez en vous reflétant en chacun.

Vous êtes un <u>Tout</u> qui en fait partie, retenez cela maintenant.

Ces espaces temps vous ont été inscrits dans l'Univers.

C'est pour cette raison qu'il est temps en cet instant de guérir votre Âme et de lui faire absoudre ces moments disgracieux qui vous ont éloignés de sa réalité.

Vous percevez maintenant ces moments en vous comme une évidence.

Cette évidence vous a fait naître une certitude : rejoindre votre Âme est pour vous maintenant la voie qui s'ouvre à vous comme un sacerdoce.

Vous êtes maintenant dans cette voie et vous vous abandonnez à cette merveilleuse libération qui vous procure un apaisement sans faille ni doute.

Regardez à cet instant votre Âme par les yeux du cœur et resplendissez de la joie de vous abandonner à elle.

Confiez lui les instants où vous ne l'avez pas rejointe et offrez les lui pour qu'elle puisse s'en séparer.
Faites-lui ce cadeau.

C'est le plus beau cadeau que vous lui ferez.

Offrez-lui ce don à vous car il vous sera retourné.

Les plus belles victoires que vous puissiez réaliser sont celles où vous vous abandonnez.

Vous gagnerez à désirer perdre les parties de vous qui vous empêchaient de vous découvrir.

Revêtez maintenant ce manteau qui vous couvrira et vous protégera.

Libérez votre Âme et vous serez libérés.

Concevez que cette libération vous est propice à votre hémicycle.

C'est en se consacrant à votre Âme que vous parviendrez à vous retrouver.

Cette guérison vous est bénie.

Partagez-la avec votre Âme maintenant car le cadeau le plus merveilleux que vous puissiez vous faire est de donner en vous abandonnant.

13 - SAVOIR GUÉRIR SES PEURS

Vous avez libéré votre Âme des instants que vous vous êtes pro-créés en niant ou en évitant son existence.

Cette libération qui vous est maintenant accomplie sera l'investigatrice du parcours à venir.

Car mes enfants, en cet instant saint qui vous est donné, vous êtes dans la capacité de dissoudre les peurs que vous avez bien voulu accumuler ou que vous avez été contraints de recevoir.

Il n'existe en fait qu'une seule peur : celle de vivre tout simplement.

Depuis votre enfance, tout vous conduit à refuser votre vie comme une bénédiction de recevoir en vous l'Amour divin.

Ici, il n'est pas question d'un amour passager que vous avez tous connus, mais d'un Amour si profondément ancré en vous qu'il fait partie de vous.

Cette peur que vous avez connue sous bien différents aspects vous a emmenés là où elle voulait qu'elle vous y conduise.

Vous avez combattu toute votre vie à essayer de la détruire ou de l'éloigner de vous.

Mais les thérapies successives que vous avez bien voulu entreprendre vous ont en plus rapprochés.

Il est temps maintenant de guérir.

Souhaitez-vous cet instant de miracle.

Accordez-vous cette heureuse nouvelle en vous.

Regardez-vous maintenant.

Non.

Pas comme cela.

Regardez votre Lumière en vous et contemplez votre Âme.

Livrez-lui vos peurs. Toutes vos peurs.

Soyez honnêtes avec vous-mêmes car ce don ne doit aucunement exclure une peur que vous dissimulez.

Vous vous demandez comment faire pour y parvenir ?

Regardez-vous.

N'avez-vous pas assez compris qu'il n'est pas question ici d'apprendre mais de recouvrer ce savoir ?

Regardez attentivement au fond de vous et prêtez attention à cette lumière que votre Âme diffuse en vous.

Cette fois-ci, elle vous montrera votre peur dans tous ses états sans vous apeurer.

Cette peur que vous avez fait fructifier de votre plein gré est en fait une pure illusion ; la seule qui vous tyrannisait reposait en fait sur un nuage de lamentations.

Regardez au fond de vous comme à l'intérieur d'un précipice où cette fois-ci, vous êtes à l'abri et naviguez au-dessus pour l'observer en toute quiétude.

Ce précipice de la peur est aussi vide que votre illusion à croire et re-croire que vous êtes ici en cet endroit et en cet instant pour souffrir.

Vous n'avez pas besoin de souffrir pour vous apercevoir que vous êtes unis à moi.

Regardez maintenant.

Osez regarder votre peur mes enfants et donnez-la moi.

Offrez-la moi comme si vous faisiez un cadeau à votre plus cher ami.

Qu'en est-il ?

Que puis-je vous apporter si vous refusez de vous délester ?

Voulez-vous continuer à vous alourdir dans ce précipice au lieu de le survoler en douceur et en paix ?

Prenez votre temps.

Votre voyage n'en est qu'à son début.

Vous êtes en ce moment sur le quai ; vous souhaitez partir mais n'avez pas encore entrepris le premier pas pour franchir cet espace et le quitter.

Tout est intention.

Manifestez l'intention sincère d'avancer et de quitter l'endroit où vous vous trouvez actuellement.

Il est vrai que vos peurs sont votre abri. Même si vous en avez souffert, vous vous êtes habitués par dépit à vous blottir contre elles pensant qu'elles vous protègent de cette vie en vous livrant des preuves incontestables de votre existence.

Manifestez cette intention de quitter enfin cet espace qui vous confine dans cette souffrance que pourtant vous avez apprivoisée.

Rompez cette balustrade et franchissez cet obstacle.

Votre Âme vous guide et le chemin divin que vous empruntez à cet instant est un souffle de l'Eternité.

Franchissez ce cap d'espérance et de souffrance pour les commuer en espoir et joie.

Votre Âme est votre gardienne d'Amour. Elle saura tout aussi bien vous contempler et vous guider sans vous blâmer.

Elle est votre refuge. Elle est votre passage secret car nul autre que vous n'y a accès.

Confiez à votre Âme le moindre de vos ressentis qui font partie de votre vie.

Chacun d'eux exprime ce que vous ressentez et non ce que vous êtes.

Plongez dans cette lumière de votre cœur et arrêtez-vous le temps d'un instant divin qui vous a fait perdre votre allégresse à vouloir expliquer l'indicible.

Soyez clairs avec vous comme l'eau qui traverse une rivière à sa source.

L'ombre de votre indélicate sensation se dispersera en rejoignant cette lumière qui vous est maintenant dense.

Je vous aime.

14 - DÉLIVRER LES LIENS DE VOTRE PASSÉ

Vous avez construit des liens qui vous ont unis à votre réminiscence autant qu'ils ont bâti en vous des craintes qui vous ont fragilisés et fragmentés. Ces fragmentations de votre existence vous ont déconduits à désobéir à votre divinité qui, même par la force divine qu'elle recentre, ne peut les dilater.

Ces fragmentations de votre existence l'ont morcelée en expériences en comprimant votre source divine de lumière qui se trouve conglomérée en vous et se trouve réduite à subir votre désarroi qui obscurcit votre pensée, votre parole et vos actes.

Vous êtes les faiseurs de votre vie. Mais, avant tout, vous en êtes les bâtisseurs, car bâtir votre vie ne vous est réalisable qu'à la condition d'en mesurer tous les artifices.

Ces artifices, que vous avez démesurés jusqu'au point de consentir à vivre sans, sont pour vous l'opportunité de vivre une vie épanouie en relation avec votre divinité.

Vous avez revêtu plusieurs uniformes depuis vos incarnations, et celui que vous portez en ce moment vous démange par contrefaçon parce que vous lui imposez des coutures qui vous enferment dans un paroxysme existentiel qui assombrit votre pensée, votre parole et vos actes.

Ces coutures successives qui sont implantées en vous ne conservent pas moins leurs effets si vous consentez toujours à leur donner le pouvoir de maintien de votre vie.

Sachez qu'elles ne maintiennent pas votre existence, comme vous pouvez le concevoir tout du moins.

Elles sont implantées en vous comme d'innombrables sévices que vous vous infligez témoignant de votre injustice à vous rendre coupables.

Le témoin que vous avez emprunté pour traverser cette route est corrompu par votre imaginaire sanglotant à imaginer que vos souffrances d'antan sont celles du présent.

Il convient maintenant, en cet instant de grâce que je veux bien vous octroyer par l'intention manifeste de votre désarroi, de renoncer à porter en vous ce témoin et de le laisser finir sa course.

Vous avez trépassé en chutant, et vous avez lutté en assaillant, et vous avez fermement tenu ce témoin dans les mains de votre espérance comme celui de votre libération.

Mais vous vous apercevez que les obstacles que vous avez gravis ne vous ont pas affranchis et vous ont prosternés en de disciples *invertueux* qui attendaient plus leur tour de grâce que la grâce elle-même.

Les obstacles que vous vous êtes compromis de dépasser vous ont incarcérés dans cette position instable et ô combien divergente qui vous a nébuleusement contraints de devoir subir vos méprises.

Soyez enfin justes avec vous et compatissez à votre passé pour pouvoir enfin vous réjouir de votre devenir, car c'est en manifestant cette compassion de votre passé que vous parviendrez à vous libérer. Compatir ne veut pas dire fléchir. Compatir signifie pour vous observer sans vouloir comprendre pour enfin *re-connaître*.

Cette compassion vous émeut, certes. Mais l'Archange MICKAËL est ici devant vous pour vous astreindre non à vous lamenter mais à vous délivrer. Les traces que vous conservez sont celles de votre ignorance à vous connaître ou plutôt à vous re-connaître. Vous avez acquis les traces en vous qui alimentent cette culpabilité qui vous perd dans cet abîme névrotique de votre genre.

Cessez maintenant de vouloir comprendre et rendez-vous grâce en retenant ceci : vous êtes des créations aux lueurs de paix. L'amour que vous portez se révélera en vous si vous apprenez à ignorer que la culpabilité de vos instants disgracieux vous sont pris pour compte. Le passé de votre désinvolture n'engendrera que malaise si vous lui accordez une quelconque importance.

Manifestez cette libre démarche de vous entreprendre et l'Archange MICKAËL sera parmi vous pour vous aider à investir la place, cette place où les défaites se sont accumulées par les victoires que vous avez remportées sur votre certitude de vivre simplement l'instant saint comme une bénédiction de vie que je vous offre en son éternelle étreinte.

15 - LA DEFINITION DE VOTRE ESPACE DE PROTECTION

Les bastions que vous avez émancipés vous irritent le palais à chaque fois que vous prononcez leurs noms : ces constructions d'une sublimité aussi soyeuse que l'étoffe sur le feu vous ont couverts de tant d'« *un-disgrâces* » que vous ne supportez plus leur délicatesse à vous rendre la vie comme vous voulez qu'elle soit.

Cette vie, dont vous avez si ardemment contribué à effacer les contours, est pour vous l'occasion sainte de vous y rendre pour vous épanouir enfin.

La possession que vous avez bien voulu en faire vous a fortifiés en vous allégeant d'une charge qui en fait n'en était pas une. Vous vous êtes délestés en décidant de vous appauvrir ; mais cette dépossession de vous-mêmes a ruiné votre enthousiasme à vivre votre instant comme une consécration de votre pardon.

Vous recueillez en vous vos propres sévices et parsemez votre champ de putréfaction. Le champ que vous récoltez en ce moment est celui de vos convictions. Ces labeurs de votre stupeur vous ont tellement réveillés que vous naviguez sur un océan en dérive comme un automate qui s'affranchit de la vue pour tendre sur ce fil les trépas de son existence.

Ce fil tendu, où vous vous êtes tant accrochés, flotte dans les airs au point maintenant que vous ne parvenez plus à franchir sa ligne d'arrivée. Vous restez sur ce fil parfaitement instable, et vos mouvements saccadés et répétés contribuent à animer en vous une danse flottante qui nourrit autant votre malaise que votre rancune.

Cette rancune que vous avez projetée en vous comme une sorte d'égrégore vous égorge la pensée en l'ensevelissant sous une couche sans structures qui a nourri votre désarroi autant que votre incapacité à vous voir tel que vous êtes.

Vous accumulez les victoires de vos pertes qui sonnent en vous le glas de votre impertinence à glorifier une extase de gloire qui vous enfume votre espace de vie. Les protections que vous vous êtes construites sont toutes des leurres et n'affleurent que votre pertinence à vous lester de pesanteurs qui alourdissent aussi bien votre espace qu'elles contribuent à appesantir l'univers.

Soyez à l'affût car le poids de votre pénitence vous est retourné, car l'attirance de votre désarroi est votre propre reflet qui se répand en vous comme la propre propagation de votre pure et divine création.

Il vous est maintenant demandé de croire que vous fondez ce que vous confondez.

Votre création est celle de tous vos instants : agissez de telle sorte qu'elle soit le reflet de votre identité solaire au lieu de tenter de la dissuader de se répandre en vue d'une harmonie de paix et d'une osmose qui est la représentation de votre univers que vous répandez à la surface de la terre comme la jouissance de vos états.

Vous avez éparpillé en vous nombre de souffrances qu'il convient maintenant d'en protéger la divagation, car vous êtes assujettis à ce que vous répandez et le vivez comme s'il s'agissait de votre propre éther.

16 - L'ACTIVATION DE VOTRE DIVINE PROTECTION

Le champ que vous venez de créer sera pour vous la sous-jacence de votre divine protection, car le voile qui concourra à vous sauver sera pour vous l'occasion de sentir en vous une paix arriver en tous vos sens. Elle se cumulera avec votre ambition de retrouver en vous cette joie que, pourtant, vous avez occultée par votre méprise.

Saisissez cet instant qui est en vous maintenant et prenez-le comme une bénédiction, celle de votre éternité qui se nourrit de cette grâce que vous lui offrez, car il n'existe pas de plus belle intention que celle que vous vous hissez en ne vous imposant qu'un seul but : votre paix retrouvée.

Cette paix, bénissez-la comme votre plus beau don, car ce que vous en ferez vous portera là où vous voulez qu'elle soit. Vous avez acquis assez d'intempérance pour vous rendre compte que la justice vous acclame et pourvoie à votre réussite bénie. La jouissance de votre paix ne peut se réaliser qu'à la condition que vous consentiez à activer en vous une protection qui vous fera culminer en un plus haut point d'espoir : celui de la reconquête de votre espace, de votre sérénité et de votre pouvoir.

Acclamez votre splendeur éternelle et reliez à vous votre divine essence, celle qui vous sortira indemne. Cette essence qui vous appartient, restituez-la en vous comme le don le plus précieux que vous avez retrouvé et prosternez-vous à sa pleine réalisation.

Rejoignez-la et observez votre espace comme s'il s'agissait de votre plus attachante demeure.

Vous pouvez être maintenant délivrés si vous en exprimez une réelle volonté.

Manifestez le désir solennel d'entreprendre en vous une libération de vos peurs et de vos « *un-disgrâces* » en ressentant l'activation de cette capsule qui, loin de vous enfermer dans vos retranchements, vous libérera d'une emprise que vous avez subie durant des décennies de siècles.

Cette capsule est votre protection ; activez-là en créant en vous la volonté de vous conformer à son exercice, car cette protection ne se déploiera que lorsque l'émanation de votre volonté se concrétisera par une intention pure dénuée de toute condition si ce n'est celle de vivre libre et en harmonie avec votre divine nature.

17 - LA CONSTRUCTION DE VOTRE IDÉAL

Les sévices que vous vous êtes déconstruits sont pour vous maintenant l'occasion de vous affranchir des doutes premiers qui submergent vos émotions autant que vos âmes.

Vous êtes sur un terrain en pente dont l'ascension se réalise avec votre amour.

Cet amour, ne le confiez à quiconque, car il vous appartient, autant que votre aptitude à discerner votre probation. Cet amour que vous vous confiez est le vôtre, car il est l'œuvre divine d'une unité qui l'englobe.

Confiez-le, et vous vous destituerez de votre idole. Apprenez à le connaître et vous vous autoproclamerez comme votre idéal.

Cet idéal, dont vous avez perduré à travestir l'image qu'il était destiné à vous offrir, est resté en vous. Cet idéal se confond avec les germes divins de votre cœur si vous lui supplantez votre désir de rendre cet instant saint en vous comme celui qui vous confère un bonheur éternel, car la sublimation de votre condition ne peut se faire que si vous lui octroyez la grâce divine de rester en vous par tous les sens, y compris celui qui vous projette en dehors de votre réalité.

Cette réalité vous sera retrouvée si vous lui permettez enfin d'arriver à vous comme l'orée du bois pénètre la forêt par sa lumière. Cette lumière pénétrera toutes les interfaces sombres de votre structure si vous consentez à lui exprimer sa gratitude universelle qui se confond avec vous.

Consentir ne signifie pas fuir, car il est question ici de donner et de recevoir.

Le chemin que vous vous tracez est empreint d'obstacles qui, cette fois-ci, vous paraîtront franchissables, car vous leur avez soustrait leur composition illusoire. Il vous suffit de faire un pas devant l'autre et cette lumière qui vous apparaît déjà vous sera éternellement due, car je n'ai jamais rien refusé à personne qui me consacrait une intention divine de me reconnaître en lui.

Cette intention qui vous est éparse, soumettez-la à votre cœur, et ses liaisons s'uniformiseront pour laisser la place à une harmonieuse construction qui se répandra dans chaque cellule de votre corps et de votre âme.

Vous avez appris pour connaître. Maintenant, connaissez à prendre ce qui vous est dû.

Votre construction est celle de votre âme qui répand en vous votre éternelle paix, si vous consentez à laisser jaillir du fond de votre cœur cet amour qui uniformisera en vous votre conviction, car il n'y a pas de plus belle victoire que celle que nous abandonnons.

Cet abandon de soi vous enivrera de son ivresse et de sa justesse de joie, car les moments que vous partagerez seront ceux de votre universalité.

Vous avez conquis tant de spectres qu'ils vous ont contraints à vous libérer en les abandonnant à leur propre défaite. Ce lâcher-prise, comme vous le dites si injustement, n'en est pas un, mais se trouve être une maîtrise parfaite de votre somnambulisme que vous hantez pour retrouver un état de liberté de l'âme. Cette retrouvaille est votre construction, car c'est par votre âme que vous parviendrez à vous aimer.

La restructuration de votre divine condition est la source infinie de votre paix.

Cette structure, que vous avez emplie de contraintes autant que polluée par votre insuffisance, reprend sa régénération lymphatique si vous agissez dorénavant comme des maîtres qui sont parvenus à découvrir leur nature propre.

Cette combustion que vous avez fermentée durant tant d'égrégores est purifiée en ce divin instant.

Cet instant compose les précédents et s'uniformisera avec les suivants. Il vous appartient donc de fertiliser en vous, par vous, à l'extérieur de vous, ce moment de grâce qui culmine en votre paix intérieure autant qu'il rayonne en moi.

Souvenez-vous de cela : je partage avec vous ce que vous me faites vivre.

18 – VIVRE EN PAIX

La lumière qui se trouve dans votre cœur en son intérieur éblouit à l'extérieur comme celle qui vous est transmise de l'extérieur vers votre intérieur.

Cette lumière qui vous a été propagée est celle de l'amour qui réunit en vous l'unité divine.

Ne croyez pas que cette lumière vous est propagée par votre simple fait. Il en est tout autrement.

La lumière qui vous est propagée est votre héritage, comme elle peut devenir votre succession.

Cependant, croyez-cela : la lumière à elle seule n'est pas la seule conductrice. D'autres particules fines s'entremêlent dans cette dense lumière pour lui ôter son aspect translucide pour finir par l'ombrager.

Ces particules opaques que vous laissez pénétrer en elle sont votre pure création. Elles vous ombragent l'existence et dissimulent en vous votre divinité lumineuse.

Vous avez construit durant toutes vos vies des barrières pour lutter contre ce phénomène qui a assombri votre paix.

Il vous appartient maintenant de laisser diffuser en vous cette douce et forte lumière pour la diffuser à l'extérieur de vous, car la lumière ne saurait recevoir l'opacité de l'extérieur si elle éblouit par son étreinte d'amour de l'intérieur.

Votre vie ressemble à un courant alternatif : il se diffuse en vous en réponse à ce que vous aurez su diffuser. Il épanouira cette relation, à condition que la personne qui se trouve en vous veuille bien vous offrir et recevoir cet échange miraculeux. Cet échange provient de cette lumière dont vous avez contribué à rendre sa clarté aussi pure que l'ivresse du matin qui vous enivre de sa splendeur miraculeuse.

Cet échange est votre don.

Un don flamboyant qui ne reçoit aucun contraste, si ce n'est celui de votre paix, de votre amour et de votre divine foi à retrouver mon amour qui se présente à vous en chaque instant, même lorsqu'il vous semble être pétrifié par une peur qui obscurcit cet échange de lumière. Car, en vérité, chaque peur que vous vous infligez comporte en elle-même un doux et fin filet de lumière qui densifiera votre espoir de connaître des jours plus heureux.

Le bonheur vous est translucide si vous vous accordez à le recevoir comme tel. Car il vous affranchira de vos dérives nuageuses si vous acceptez de consolider en vous une harmonieuse et indéfectible paix qui illuminera la terre par les cieux.

Les peurs vous sont maintenant flétries et vous vous retrouvez enfin chez vous, comme une lumière diffuse sa force naturellement sans qu'une pénombre ne puisse la transfigurer.

Cette pénombre que vous avez réussie à éclairer, et ensuite à dissoudre, ne se trouve plus en cet instant saint chez vous.

C'est pourquoi cette pénombre, même si elle vous a été dissoute, ne peut plus revenir vous voir, car aucun accueil ne lui sera fait si ce n'est celui de l'Univers qui l'accueillera en son cœur comme le ferait une pompe qui accueille l'air pour pouvoir le libérer.

Vous êtes maintenant libérés de ses entrailles et aucune d'entre elles ne peut vous ombrager.

Cette heureuse nouvelle vous rend certes perplexes, je le sais.

Sachez qu'à compter de chaque instant, vous disposez de la liberté d'accueillir en vous cette paix ou au contraire de venir la perturber.

Maintenant, à compter de cet instant qui est le vôtre, vous avez le choix.

Votre choix répond à votre volonté de réunir en vous votre Âme et de continuer ce chemin avec elle sur ce trajet de l'infini qui vous conduira à l'effervescence de votre être d'Amour.

Sachez-le : l'ombre qui est passée tentera de vous accueillir en elle comme elle a pu le faire auparavant.

Cependant, cette fois-ci et en cet instant, cette ombre flétrie laissera sa place si vous lui refusez son invitation.

Replongez dans votre être d'Amour* à chaque fois qu'une invitation de ce genre apparaît devant vous.

Ne lui faites pas l'affront dorénavant d'accueillir en vous des « *un-disgrâces* » auxquelles vous pouvez échapper.

* Âme

Car votre Âme a confiance en vous et vous guidera avec une bienveillance constante et sans faille, pour vous conduire vers cette voie de la paix de l'Esprit que vous recherchez depuis que vous avez pris conscience qu'il valait mieux échapper à votre réalité qu'à votre illusoire fatalité.

Ayez confiance en vous maintenant : vous avez franchi une porte qui vous mènera en vous.

La paix de l'Instant que vous établissez vous est Eternelle car elle seule vous sera due.

Elle vous figera dans ce moment pour l'éternité, et en aucune manière elle ne pourra être travestie.

Ce moment divin que vous avez pu consentir à vous construire vous est édifié tel un phénix qui apparaît devant vous pour vous saluer.

Ne redoutez pas cet instant car il vous appartient.

Votre instant de paix vous sera rendu si vous consentez à le renouveler.

Ne vous fustigez pas et apprenez à ressentir dès à présent votre liberté. Elle vous conduira là où vous avez tout le temps voulu vous rendre.

Ne retenez pas cette douce force qui vous porte et vous guide en ce lieu.

Laissez-vous aller, car c'est en vous déshéritant que vous parviendrez à vous retrouver.

Ne cherchez pas l'obstacle qui se présente à vous lorsque vous y contribuez. Chassez-le de votre Esprit et conduisez-le vers votre Âme qui le libérera.

Elle est votre protecteur et votre libérateur, car elle sait ce que vous pouvez obtenir avant même que vous en manifestiez l'intention.

Aimez-la simplement et vous parviendrez à vous aimer comme jamais vous n'avez pu jusqu'à présent.

19 - LE BONHEUR DE VIVRE

Vous avez atteint une paix en vous que vous pouvez, si vous le souhaitez, *renouveler*.

Cette paix est la manifestation des prémices de votre bonheur, même si pour le moment vous vous contentez d'essayer d'y parvenir sans l'atteindre réellement.

La question qui sera traitée ici est de savoir pour vous ce qui peut vous convenir pour être heureux.

Vous ne pouvez pas vivre dans la plénitude de votre bonheur que vous vous êtes créée si vous vous écorchez à défaire et refaire ce que vous construisez pour rejoindre inlassablement ce tombeau.

Il vous irrite au plus haut point mais sans vouloir cependant manifester l'intime et heureuse conviction de le quitter définitivement.

Car ce tombeau que vous vous êtes construit est en vous comme l'air que vous respirez.

Ce tombeau est une allégorie pour vous faire prendre conscience que votre vie ressemble à ce que vous décidez qu'elle soit.

Soyez donc ce que vous souhaitez.

Le bonheur ne se trouve pas dans ce que vous pouvez obtenir mais dans ce que vous êtes.

Cette conjugaison de l'impératif de l'être vous étreint si vous maintenez à la nier.

Soyez, simplement, et aspirez à devenir ce que vous êtes.

Je sais que cette aspiration vous est pour le moment ''incomprise'', mais c'est dans l' « *un-compréhension* » que vous trouvez les solutions car en fait, il n'existe pas d'incompris lorsque la source que vous buvez vous est pure.

Cette source dans laquelle vous vous abreuvez est votre *porte-vie*.

Elle vous purifiera si vous lui donnez les éléments qui feront d'elle une eau de vie vive et fraîche.

Au contraire, si vous l'alimentez des stupeurs de votre quotidien, vous en recevrez la contrepartie.

Ne la souillez donc pas et œuvrez à sa purification car vous obtiendrez ce que vous lui donnez.

Le bonheur est une conception que vous avez apprise à vous forger. Vous avez tant battu le fer qu'il en est devenu spongieux.

Il est temps maintenant de retrouver en vous cette force qui vous amène là où vous désirez aimer.

Cette force est en vous et vous avez appris à la *re-connaître*, lui parler et l'écouter.

Elle vous guérira si vous lui accordez la grâce d'en être apprivoisés.

Ne formulez aucune crainte. Il n'est pas question ici de vous enchaîner mais de vous délivrer.

Cette délivrance, vous en avez peur, car votre enchaînement vous a conduits à votre bien-être ; bien-être que vous vous confortez à saluer même s'il vous trahit en même temps qu'il vous fustige. Ce bien-être est celui de l'opulence à rester enfermer dans ce monde de gloire et de fortunes.

Votre bonheur s'est réalisé dans la dépendance de votre avoir qui vous a travestis en somme et vous a retranchés de votre réalité.

Vous avez eu rendez-vous plusieurs fois avec le bonheur, mais ce rendez-vous s'est commué en une sorte de *re-clamation* de vos conditions d'existence.

Vous avez certes connu des moments qui vous ont poussés dans un bonheur palpable, mais au lieu de l'investir, vous avez contribué à son oubli en vous projetant vers d'autres attentes qui vous ont menés là où vous vous trouvez en ce moment.

Je sais, mes enfants, que vous avez fait de votre bonheur votre quête de vie ; mais n'était-il pas plus judicieux de vous demander comment le *re-connaître* au lieu de le renier dans une constante recherche d'approbation ?

Le bonheur se trouve en vous depuis que vous existez.

Ne cherchez pas à le trouver.

Il est là.

Il est en vous en ce moment et vous convie à sa table de jouvence, car le bonheur que vous y trouverez sera votre instant de bonne heure qui réduira en vous en une éternelle jeunesse.

Soyez sûrs de cela mes enfants.

Votre quête de bonheur est déjà accomplie avant même que vous vous posiez ici la question.

Il se trouve en vous car il ne vous a jamais quittés. Il vit en vous. Soyez à sa rencontre et restez blottis dans ses bras.

Vous avez tant cherché toute votre vie à tenter de voir votre réalité que vous vous êtes perdus dans cette conception de l'avoir qui a transfiguré votre recherche en une sécurité possessive qui a transmué votre propre nature.

Ce voile que vous vous êtes offert n'est que le souffle de vos envies.

Il vous suffit de tirer un trait sur cette route en empruntant une autre voie : non celle de l'espérance mais de l'espoir.

Remontez dès maintenant cette pente vertigineuse qui vous a occulté la vue.

Vous voyez.

Vous n'avez jamais perdu de vue votre réalité. Elle est ancrée en vous comme l'est votre envie.

Sortez de ce labyrinthe qui vous mènera sur la piste hasardeuse de votre espérance. Vous avez tant cherché ce fil que vous êtes parvenus à le délier. Il existe encore et ne peut être rompu.

Pour le trouver enfin, ne le cherchez pas, cloîtrés dans ce labyrinthe en entamant désespérément les mêmes parcours qui vous mèneront de toutes façons nulle part.

Sortez de cette impasse si inconfortable. Elle vous enferme dans cet espace temps et vous contraint de croire qu'elle est ici pour vous protéger.

Vous vous voulez être protégés de la vie ?

Fuyez cet enfer.

Il n'est plus pour vous et ne l'a jamais été.

Votre espérance vous a conduits dans une errance : votre espoir vous mènera à vous.

Vous avez accumulé tant de dettes que vous vous êtes enrichis contre vous-mêmes.

Gardez à l'esprit que vous n'avez rien à prendre car toute chose vous est due. Votre apprentissage n'est que le résultat de votre endettement.

Soyez cet être qui s'enrichit de ce qu'il est simplement.

Vos richesses seront celles de votre infortune à envisager la vie comme une fatalité.

Foncez dans cet Univers qui est le vôtre. Vous resplendissez à être ce que vous êtes. Ne soyez pas plus.

Ne tentez pas de supplanter l'avoir à la place de l'être car lui seul vous sauvera.

Votre bonheur réside dans votre incompréhension à comprendre ce que vous êtes mais en *re-connaissant* ce qui vous est créé.

Re-connaissez ce miracle de l'amour en vous, et le bonheur illuminera votre vie de moments dont vous n'êtes pas sur le point d'estimer la grandeur ; car il n'existe qu'une seule et unique persévérance qui vous conduira loin de cette errance que vous vous êtes habitués à suivre : il s'agit de la persévérance de l'être à se connaître tel qu'il est sans artifice ni mensonge.

Cette persévérance de l'être vous est due si vous continuez à manifester cette intention de vous délivrer.

Il ne s'agit pas d'un simple exercice, je le conçois. Mais sachez que vos efforts seront votre guérison.

La quête de la guérison de vos maux, même des plus futiles, passe par une volonté de guérir.

Soyez heureux, car vous l'êtes maintenant.

Le bonheur s'affiche en vous comme une enseigne qui illumine votre corps lorsque vous passez ce temps, non à vous enseigner une loi, un précepte ou une information, mais simplement à faire correspondre en toute simplicité votre *re-connaissance* avec votre intention.

Sachez-le : votre intention vous est inscrite en vous comme l'éclipse qui illumine la terre.

Vous êtes cette terre, et elle scintillera de votre lumière si vous concevez ici et maintenant que le choix que vous vous êtes approprié est celui qui mène à la connaissance de votre bonheur en vous.

Ne le cherchez pas : il est en vous.

Plongez dedans et regardez ce qu'il a à vous offrir.

Vous seuls savez.

20 - LA RÉMINISCENCE DE VOTRE SOLEIL INTÉRIEUR

Votre soleil est en vous et vous inonde d'une lueur incandescente qui se propage dans toutes les cellules photogéniques de votre corps. Elle est en vous et agit pour vous sans l'ombre d'un doute de faiblir sa douce force de paix et de bonheur.

Malheureusement, cette lueur ne vous apparaît pas comme une divine et merveilleuse bénédiction parce que les tourments de votre essence lui font ombrage au point qu'elle vous soit cachée.

Cette lumière vous est essentielle et non artificielle. La voir pour la percevoir reste pour vous le seul moyen de la ressentir au plus profond d'elle-même.

Cet ombrage qui cache cette lumière n'est que le voile de votre abstinence à désirer que le meilleur puisse vous parvenir. Ce meilleur que vous ombragez par peur n'est que le reflet de votre divine essence : celle qui vous mènera au centre de votre soleil qui est la résonance de votre âme.

Ce soleil, que vous confondez avec votre désir de réussir, est une source divine de lumière qui prend naissance en son centre étincelant. Une étincelle qui rallume cette mèche d'espoir peut en chaque instant vous parvenir. Pour qu'elle puisse fleurir en vous de mille feux, manifestez une joie dont la raison vous est imperceptible car il n'existe pas de plus belle joie que celle qui prend naissance pour qu'aucune raison puisse entacher sa raison d'être.

La manifestation de la joie est le déclencheur de votre étincelle qui vous illuminera en prenant conscience que vous ne devez rien attendre dans la joie d'aimer car, à elle seule, elle est tout.

L'amour n'est pas un artifice, car son feu n'a pas besoin de conditions pour réfléchir en vous.

Cette réflexion de votre amour est votre délivrant rayon qui vous libérera de votre prison, car vous vous êtes auto-enfermés dans une situation qui a clôturé votre espoir et a configuré votre essence en une recherche de plaisir univoque qui n'a pas contribué à vous rassasier. Nourrissez-vous de cette lumière étincelante qui éclairera vos émotions et les travestira en de sublimes éclairs qui jailliront de vous pour rejoindre l'univers où ils se dissiperont en lui.

Ces fragments d'émotions qui vous traversent l'esprit agissent comme une combustion qui inhibe votre divine et resplendissante nature. Cette inhibition cache, par l'ombre qu'elle déploie, votre sourire intérieur qui est alors camouflé et vous astreint à vous éloigner de la joie de vivre.

Cette joie de vivre est votre lumière qui vous est divinement offerte, car la vie est avant tout un don que je vous ai offert.

Cette vie, chérissez-la de mille feux en vous, et elle resplendira comme un tonnerre jaillit dans le ciel étoilé. Cette voûte étoilée est votre pure création céleste. La nuit ne saurait recevoir la lumière, car l'ombre ne reflète pas mais projette sur le sol sa forme qui n'est en fait que la matérialisation de sa manifestation.

La lumière se reflète en vous parce que vous rayonnez l'envie de vivre et d'aimer.

L'amour est votre propre générateur de lumière. Il illuminera votre vie et la recouvrira d'une resplendissante robe, si vous concevez votre vie comme une façon unique d'aimer.

Votre métamorphose consiste à vous introduire dans cette sphère qui vous couvrira d'une épaisse et glorieuse joie d'aimer.

Plongez dans cette sphère, car elle vous dévoilera que l'amour vient de votre intérieur.

Vous êtes des êtres qui illuminent par leur beauté intérieure qui scintille à chaque fois que vous lui transmettez l'amour que vous venez de recevoir. Mais cet amour, pour qu'il soit divinement transmis car reçu, doit être donné.

Vous êtes avant tout les émissaires de cet amour.

Unissez-vous maintenant à cette réalité.

21 - LA LUMIÈRE QUINTESSENTE DE VOTRE CŒUR : SOURCE DIVINE DE LA CRÉATION

La lumière, qui navigue dans votre cœur comme une source éternelle, circule en vous comme l'air dans votre atmosphère, l'eau dans votre cœur et enfin l'énergie dans votre corps.

Cette lumière vous est conduite par ma divine et infinie bonté qui est en vous comme vous en moi sans que vous puissiez en deviner l'extrême magnificence.

Votre lumière conjugue avec tous les éléments qui constituent votre espace de vitalité. Cette quintessence de votre lumière est votre divine et merveilleuse contribution.

Vous êtes entourés d'éléments qui vous abritent et vous guident dans vos choix à chaque instant de votre vie et qui composent votre éternité. Manifestez maintenant une intention de lumière aux éléments qui composent la nature divine et sacrée de votre être de lumière qui juxtapose en vous la gloire de vous retrouver dans une éternité d'abondance qui vous unit à moi en même temps qu'elle vous unit à votre nature divine qui resplendit de lumière à chaque fois que vous vous unissez à votre source qui coule en vous comme une extase de joie d'amour et de paix.

Cet amour qui se trouve en vous en même temps qu'il s'extériorise à l'extérieur de vous est le seul don que vous puissiez vous faire, car la source coule dans vos veines autant qu'elle circule dans votre cœur.

Ce cœur qui produit une majestueuse et infinie énergie tant par son entrée que sa sortie vous érige en un soleil qui illumine tant son espace qu'il réchauffe de paix et d'amour son corps.

Ce soleil est en vous, et le « *re-connaître* » vous apportera la gloire de l'éternité. Glorifiez cet instant qui vous est offert car mon fils vous étreint de la lumière divine et infinie.

Cette lumière qui vous parvient est le seul chemin qui vous lie à l'Univers.

Ce chemin étoilé d'un fin liseré de lumière part de votre cœur pour rejoindre mon amour. Retrouvez ce chemin car il vous mènera à votre éternité. Il vous conduira sur la voie de votre cœur et vous éblouira par sa splendeur, car votre sort ne peut pas se contenter des instants que vous lui proposez lorsqu'ils sont cadencés dans un abîme sombre et écarlate qui s'appesantit en vos vies comme des lumières qui aveuglent plus qu'elles n'adoucissent votre atmosphère.

Vous êtes maintenant la seule contribution à cette divine révélation, et seule votre intention de lumière vous confondra avec mon éternité d'amour qui illuminera en vous votre paix. Cet amour que vous ressentez maintenant est la voie de votre cœur. Rejoignez-vous dans cet espace de paix et d'amour et vous vous apercevrez que cette voie que vous contemplez est celle de mon fils qui resplendit en vous en cette grâce divine. Récoltez la semence de votre cœur et semez de nouveau les graines de cet amour infini qui ont germé en vous comme le saint esprit inonde votre cœur.

Ressentez cette joie lorsque vous consentez à offrir cette majestueuse récolte à l'extérieur comme la bénédiction de votre lumière qui transcende en cette occasion votre espace de paix, comme le soleil inonde de lumière les entrailles de la terre sans en oublier une seule pour les transformer en des parcelles riches et abondantes qui feront fructifier la paix, la joie et le bonheur de chacun.

22 - LA LUMIÈRE, SOURCE DIVINE DE JOIE

La lumière divine que vous recevez vous est offerte par cet échange que vous pouvez rendre d'une pureté étincelante.

Cette pureté d'amour, que vous avez communiée en vous et de par vous, est l'aboutissement d'une explosion de joie de chaque instant.

Cette joie sera le témoin de votre vie, car elle enchérira votre bonheur d'un désir de vous rendre grâce et de retrouver en vous la grâce divine éternelle, infinie et extraordinaire qui vous recevra comme le fruit de sa pure et divine création.

Cette joie, présentez-la en vous comme une aubaine de connaître en vous des instants où l'âme agit avec un fervent et délicat engouement à vous rendre grâce.

Cette grâce vous est donnée si vous prenez le temps qui est en vous pour faire fructifier cet espace de paix qui vous étreint en une bénédiction divine de recevoir en vous l'amour du Christ.

Cet amour vous est chéri si vous acceptez de le recevoir.

Recevez-le en vous comme une bénédiction de votre certitude de vivre, vous aimer, comme l'aurore qui caresse la bonté du matin et le coucher de soleil qui prépare la nuit.

Cette joie vous est manifestée à chaque instant. Elle fructifie, comme l'écorce d'un arbre qui à la fois protège son tronc et densifie son être.

Votre sublimité à vous considérer chaque instant comme la consécration de votre vie vous libérera d'une pression que vous vous êtes auto-proclamée.

La paix divine de votre arborescence réside dans votre cupidité à prendre cet instant de joie comme l'unique moyen de parvenir à votre paix.

Cette cupidité, concevez-la comme le moyen de vivre cet instant saint dans sa totalité sans rien laisser.

Il vous sera dû dans sa globalité et le fruit de sa passion vous enivrera de bonheur et de joie qui vous délivreront autant qu'ils formeront en vous l'envie d'aimer.

Cet amour incandescent que vous éprouvez est le contexte de votre réalité. Rien de plus.

La vérité se trouve en vous depuis l'aube de votre création.

23 - LA LUMIÈRE DE VOTRE CŒUR : UNE ÉTREINTE QUI VOUS PROVIENT DE L'INTÉRIEUR ET SE PROPAGE EN VOUS PAR L'EXTÉRIEUR

La lumière de votre cœur est fondatrice et s'expulse de vous comme le ferait l'air qui jaillit du souffle d'une grotte.

Ce souffle qui pénètre en vous en est la fondation, tout autant que l'air qui vous arrive.

Les deux courants de lumière que vous imaginez à l'antipode l'un de l'autre sont en fait constitués de la même substance : celle de votre pure production qui travestit aussi bien qu'elle s'extériorise car les courants se mélangent tout autant que les éléments de l'air que vous respirez.

Il n'y a pas de courant qui soit plus filtré qu'un autre, car l'alliance des deux forment votre propre production. Vous êtes vos propres créateurs et la lumière qui s'investit en vous est le fruit divin de la création.

Ne vous laissez pas submerger par d'inutiles assombrissements qui alourdissent votre existence de peurs et d'angoisses névrotiques qui prennent naissance au carrefour de votre désillusion.

Vous en cheminez un parcours qui fleurit en vous comme l'éclat d'une pierre précieuse au soleil : elle scintille de mille feux par elle et grâce au soleil, mais peut attirer à elle l'ombre de la cupidité.

Cette ombre ne saurait en quelque manière que cela soit assombrir son éclat, mais peut par contre altérer sa vraie nature. Une pierre reflète en vous pour vous rendre la gloire mais non pour vous exposer inutilement à de vains assombrissements de votre vie, car les servitudes que vous vous exposez sont celles de votre illusion.

La diffusion de votre lumière que vous reconnaissez comme celle de votre cœur est diffusée en vous comme une grâce éternelle qui vous expose à votre âme par ce que vous projetez en dehors de vous.

Cette extériorisation de votre lumière d'amour vous conférera une fabuleuse et formidable joie d'aimer, car vous recevrez en retour un immense filet de lumière qui vous traversera le corps autant qu'il illuminera votre perception divine.

Ce filet de lumière que vous persévérez à en voir l'immensité est pour vous le moyen de parvenir à votre temple qui éclaire votre cœur d'une fabuleuse et indescriptible énergie qui transmute vos éléments en une part complète enchevêtrée qui ne saurait connaître l'ombre de vous-mêmes car elle resplendit à elle seule sans artifice.

Ce temple résonne en vous comme une sphère qui corrompt tout ce que vous pouvez imaginer. Cette sphère incandescente est en vous et est le fruit de votre sainte nature. Elle correspond à ce que vous recherchez sans pouvoir l'atteindre et à ce que vous atteindrez sans vouloir la rechercher. Elle se trouve à l'antipode de votre conscience car elle ne reflète que pour elle-même et éblouit par sa puissance.

Vous vous êtes certainement brûlés d'impatience de la connaître, mais vous ne pouvez pas reconnaître une lumière incandescente lorsqu'elle se nourrit d'elle-même car votre divine et majestueuse lumière ne pourra jamais l'atteindre si vous maintenez à considérer que la lumière est faite pour briller et non éclairer.

Vous ne pourrez jamais atteindre une lumière qui se nourrit d'elle-même si vous vous évertuez à agir selon vos principes qui dissipent l'illumination intérieure et projettent à l'extérieur une trace de surveillance qui n'atteint que vos convictions entremêlées à vos passions.

Votre lumière, pour qu'elle puisse éclairer et non briller seulement pour elle-même, se doit avant tout de ne pas chercher à éblouir car sa puissance divine repose sur une douce et merveilleuse clarté qui s'unit à votre cœur pour tenter de vous y rejoindre.

24 - LA LUMIÈRE DE VOTRE CŒUR : UNE SOURCE INTÉRIEURE INALTÉRABLE ET INÉPUISABLE

Votre cœur résonne en vous comme une source qui coule et qui se déverse dans une rivière abondante et infinie.

Cette source, qui puise sa force d'amour dans ce que vous voulez bien lui transmettre, jaillit au fond de votre cœur comme le fait le volcan qui entre en éruption et déverse sa lave sur la terre.

Cette lave vous est due et représente votre puissance de bonté et de grâce tout autant qu'elle peut conduire à vous éloigner de sa divine lumière.
Cette source qui jaillit du fond de votre cœur est votre plus beau don car elle coule dans vos veines autant qu'elle irrigue votre âme d'une pure et sainte substance qui vous unit à l'éternité d'aimer.

Le fil d'abondance qui vous est tissé est votre seul remède, car la guérison de votre âme passe par votre cœur.

Ressentez maintenant ce fil de lumière qui vous unit à votre éternité car il sera votre sauveur.

Soyez pur comme l'eau de roche et ne coulez pas pour fuir mais pour irriguer.

L'Archange Jophiel est ici et « *mains tenant* » pour vous aider à percevoir votre liberté d'aimer.

Rejoignez-la sur ce fil et elle vous montrera le chemin merveilleux que vous pouvez choisir.

Il importe maintenant, à ce stade où vous vous confortez de rester, de sortir de cette impasse qui luit plus qu'elle n'éclaire, car le chemin qui vous mènera à la guérison ne peut être obscurci par vos convictions qui vous empêchent de vous délaisser en vous abandonnant à votre réelle nature. Par délaisser, j'entends laisser de côté.

Il n'y a pas de plus belle image que vous puissiez faire de vous-mêmes lorsque cette image est prise sans filtre et sans aucune retouche qui puisse en altérer son contenu.

Vous êtes cette image qui reluit grâce à son authenticité dépourvue d'une élégante et malencontreuse contrefaçon qui pose en vous et à l'extérieur de vous une image faussée par une impureté à vouloir la perfection de l'apparence alors que le cliché du moment est celui de l'instant qui sanctifiera votre gloire.

Cet instant qui vous est trône, recevez-le comme le plus pur de vos dons, car l'image que vous vous donnez sera celle de votre entière et fabuleuse nature divine qui s'exprimera à travers vous par ce lien subtile qui tapissera votre existence d'une beauté de vivre où la plus petite futilité de merveille sera pour vous une authentique et inaltérable preuve d'aimer.

Soyez émerveillés par ce que vous voyez, entendez, sentez et touchez, car l'œuvre de notre Père céleste se trouve en chacune des parcelles de votre connaissance.
Le bruit éveillé que vous laissez sur votre chemin éclairé se métamorphosera en une brise légère qui inondera votre cœur d'une joie incolore.

25 - LA LUMINESCENCE DE VOTRE JOIE INTÉRIEURE

Cette quête de vérité a contribué à vous épuiser, au point maintenant d'en oublier l'issue.

Vos recherches vous ont conduits dans des périples qui ont soustrait votre joie à votre genre. Revenez à cette joie et vous reviendrez à vous.

La joie vous transporte vers une nuée de lumière qui inonde votre canal, à condition de vous enivrer à rejoindre cette source qui ne connaît pas de limites déloyales, si ce n'est celles que vous vous imposez.

Cette joie ne vous est pas soustraite, bien au contraire. Elle ravit en vous vos facettes les plus subtiles pour colorer votre existence d'un bonheur qui unira en vous une gloire infinie et un bonheur constant qui soldera votre ardeur à devenir des êtres liés à votre divinité, comme l'est une source qui se transporte dans un océan.

Cette source vous est inépuisable, car les gouttes d'eau qui la composent sont dans un éternel mouvement qui n'oscille que lorsqu'il est contraint.

Devenez cette goutte qui se laisse guider sans aucune résistance et vient s'échouer sur une brindille d'herbe pour repartir encore plus forte et épanouie, parce qu'elle s'est rendue utile à secourir plutôt que de chercher à périr sur la berge.

Devenez cette goutte d'eau qui s'affranchit des obstacles qu'elle rencontre en glissant, non à leur encontre, mais en leur offrant une autre chance de s'épanouir.

Il n'y a pas d'obstacle si vous prenez en considération que vous êtes unis à votre nature divine qui vous guide dans une spirale qui peut parfois vous offrir des heurts. Mais sachez que la vision que vous en avez n'est pas celle qui vous est prodiguée.

Vous avez plus souvent contourné un obstacle que l'avoir franchi. Sachez que rien ne vous imposait de le contourner. La peur, que vous avez déployée pour l'éviter, ne vous a pas affranchis, bien au contraire. Car la libération de votre espace s'est prodigieusement réalisée dans une stupeur qui, au lieu de lever des voiles de lumière, a érigé en vous des barrières insoutenables dont le poids vous édifie à les combattre par peur de vous libérer.

Cette libération vous effraie parce qu'elle repose sur une accroche qui peut vous faire reprendre pied. Vous avez voulu fleurir une stèle qui en fait reposait sur une source divine.

Cette stèle symbolise vos émotions que vous avez tant combattues soit en les donnant ou en les recevant. Mais la gloire que vous avez bien voulu en tirer a scellé cette pierre en vous qui résonne comme un écho dans une tombe. Retrouvez en vous cette source infinie et la couleur de votre existence sera celle de votre espoir.

Votre espoir a été calfeutré par votre ambition démesurée à vouloir contrôler votre vie comme s'il s'agissait d'un automate. La lumière qui est en vous navigue par vos sens vers votre substance divine qui rejoint en elle ma source infinie d'amour.

La joie que vous déversez en vous et autour de vous vous est retournée et illumine votre vie et vos espoirs échus de connaître une belle et heureuse destinée.

Car cette destinée, dont vous chérissez de connaître la réalité, est votre devenir et constitue un de vos choix. Le choix repose sur vous et sur votre liberté. Votre propre liberté réside dans le fait de choisir en cet instant ce que vous voulez refléter.

Votre miroir est celui de votre libre reflet. Votre joie enivre ce reflet qui devient verdoyant si vous décidez de lui attribuer la splendeur divine qu'il réclame.

Ce reflet captait son attention car il est votre libération. Votre libération.

Il est en vous et reflète à l'extérieur de vous. Il est votre propre produit, et c'est pour cette divine raison qu'il se doit être l'expression d'une joie pure et sainte.

Cette joie translucide vous étreint à chacun de vos pas, et la route lumineuse que vous menez est celle de votre repentance, ayant voulu croire que vous subissez ce qui vous est produit.

Cette route, partagez-là et confiez-lui l'opportunité divine de vous amener là où vous voulez arriver. Il n'y a pas de plus belle route que celle du cœur.

27 - LA FLORAISON DE VOTRE DIVINE ESSENCE

Vous avez accueilli en vous votre joie, et la lumière qu'elle déploie est votre source divine de bonheur car elle fonde en vous votre sacralité qui vous unit à moi.

Cette joie, ne la confondez pas avec une ivresse de plaisir que vous pouvez ressentir à l'occasion d'un évènement qui vous paraît par son empreinte de l'instant comme heureux.

Ne confondez pas la profondeur de votre bonheur avec la surface de votre contentement qui certes peut en certaines situations être relié à cette parfaite et infinie profondeur, mais n'en demeure cependant jamais la cause.

Votre Eternel ne supporte aucune cause car il ne saurait se prévaloir d'être avant d'avoir créé, car la création divine de l'Eternel est sa raison d'être.

La floraison de votre divine nature commence par l'enracinement de votre structure à admettre que vous vivez ici pour vous relier à votre être de lumière. Cet enracinement prend racine lorsque vous décidez de vivre l'instant comme une bénédiction.

Sachez que vivre l'instant nécessite que vous fassiez le deuil d'aller chercher la nature de votre être au dehors et que vous fassiez l'intime effort de la retrouver en dedans. Par cela, je souhaite vous faire comprendre que la nature divine se vit par vous-mêmes et qu'elle est le reflet de votre évanescence. Inutile d'aller chercher à l'extérieur ce que vous détenez en votre intérieur.

Sachez que vous trouverez à l'extérieur de vous ce que vous voulez qu'il y soit et que vous trouverez en votre intérieur ce qui y est.

Votre recherche restera vaine si vous lui soumettez votre refus de vous connaître dans cette réalité qui dessine votre vie car vous êtes des êtres sublimes aux rayonnements sacrés qui inondent de joie et de bonheur la terre lorsqu'ils se sont rappelés de leur divine essence.

Le rayonnement de votre vie prendra forme si vous lui consacrez l'effervescence de vos instants. Chaque instant que vous passez dans la joie sera pour vous une heureuse bienfaisance, car la vie que vous portez repose sur ce socle de contemplation des instants que vous vous êtes accordés à être heureux.

La reconnaissance de ces instants sonne en vous et il est grand temps de commencer à percevoir ce chant d'amour qui vous chuchote de rejoindre votre divinité car la gloire que vous lui accorderez sera votre délivrance et l'épanouissement de votre divine nature.

Le chant que vous entendez en ce moment est la voix de votre âme qui vous invite à la rejoindre.

La floraison de votre divine essence repose sur votre acceptation à recevoir votre âme comme elle agit en vous en chaque instant de votre vie pour vous élever et vous propulser sur la grâce divine de notre Père céleste.

Recevez en vous cette grâce infinie dès à présent car elle vous portera loin de votre ombre et illuminera votre être divin d'une infinie lumière blanche qui se diffusera en vous comme l'orée du matin pénètre le jour par sa force et sa douceur.

Recevez cette gracieuse offrande et donnez-la car l'abondance de votre don lorsqu'il provient du cœur sera celui de votre délivrance.

Votre floraison repose sur votre capacité à intérioriser cette gracieuse lumière qui vous inondera en même temps qu'elle vous couvrira d'une paix que vous vous obstinez à rechercher en dehors de vous. Cette floraison de votre divine essence a comme contribution votre lueur incandescente à vous voir comme une source intarissable d'amour et de bonheur qui reflètera en vous comme un miroir renvoie son image.

Cette floraison vous est intérieure car elle projette en dehors d'elle-même sa bienfaisance. Vous êtes cette bienfaisance ; exprimez maintenant son incandescente lumière qui vous protégera de ce que vous cherchez tant à rejoindre.

Cette floraison vient avant tout de votre cœur et illumine le paysage de votre vie par la lumière que vous voulez bien y donner, car il n'existe pas de plus belle illumination que celle qui vient de votre âme rejoindre la magnifique étincelle divine qui scintille majestueusement en moi.

Rejoignez-la et rendez-vous compte que la lueur que vous explorez de l'extérieur provient en fait de votre propre et divine lumière. Votre embellissement de votre vie commence par l'instant où vous vous apercevez que vous êtes une divine et merveilleuse nature infinie qui trouve sa source en une éternité qui se joint en vous.

Retenez que votre art de vivre consiste à vous épanouir avant de vous réaliser.

Votre floraison de votre divine essence commence au moment où vous lui consacrez son instant divin en cristallisant de splendeur votre cœur.

27 - LA JOIE RETROUVÉE

La joie qui vous traverse en chaque instant est le reflet de votre âme.

Cette joie qui inonde votre perception si vous y prêtez attention est celle de la grâce divine qui vous accorde un heureux présage : celui de consacrer l'instant qui vous est donné à le savourer comme un délice qui émerveille en votre être sublime.

Cet instant que vous accordez à vous diffuser est ancré en vous en chaque instant si vous estimez utile de le contempler sans aucune autre fin que lui-même, car la seule fin ultime que vous puissiez espérer est celle de votre *re-naissance*.

La joie vous contemple en chaque instant si vous y prêtez attention, et elle se transformera en un élixir de jouvence si vous estimez que vous abandonner dans son étreinte vous procure tout ce que vous vous donnez.

Le seul don que vous puissiez vous faire est celui-ci : savourer cette joie intérieure qui s'inscrit en vous en un instant. C'est celui de l'Eternité.

La joie ultime que vous pourriez vous donner est celle de la vie.

Regardez cette vie à travers vous et à l'extérieur de vous et contemplez cette association car en fait, mes enfants, il n'existe pas de division entre vous et moi.

Vous êtes en moi comme je suis en vous et la joie qui vous est diffusée est mienne.

Rejoignez-moi et vous observerez qu'elle est en vous parce qu'elle est séparée de vous, et qu'elle est séparée de vous parce qu'elle fait partie de vous.

Cette joie vous est intérieure parce qu'elle reflète l'être que vous êtes.

Elle fait partie d'un tout, d'une Unité qui éclaire en vous votre quintessence de lumière autant qu'elle vous montre en l'éclairant la beauté de la création qui vous entoure.

Cette joie se manifeste en chaque instant si vous admettez que l'avoir c'est la perdre et l'être c'est la vivre.

Vous ne pouvez pas posséder la joie tout comme vous êtes devenus les possesseurs de votre existence.

Votre joie vous est due mais ne vous est pas gagnée.

Chercher à l'avoir c'est la perdre, et essayer de la comprendre c'est faire en sorte qu'elle disparaisse.

Cette joie est tout autant en vous qu'à l'extérieur de vous, parce qu'elle est inhérente à votre être tout en en étant exogène.

Je sais que pour le moment cela vous paraît difficile de l'admettre, mais ne cherchez pas la joie car elle ne vous appartient pas.

Ne cherchez pas à la posséder car elle s'en ira. Elle n'a pas besoin de se savoir possédée. Elle a juste besoin que vous la reconnaissiez quand elle vient et que vous fassiez en sorte de l'accompagner le plus d'instants qu'il vous est possible de le faire.

Elle est habituée maintenant à ce que vous la trompiez par votre inconstance à vouloir rechercher à comprendre les effets par les causes.

Les causes de votre joie ne sont pas ses effets, tout comme ses effets ne sont pas ses causes car la joie ne s'en remet qu'à elle-même.

Elle n'existe que par elle-même pour vous-mêmes.

Elle se trouve en vous par ce qu'elle produit à l'extérieur de vous, et elle ne se trouve à l'extérieur que parce qu'elle est en vous.

Cette joie prend naissance à l'instant où vous admettez que vous faites partie de cette Unité et que rien ne peut vous en éloigner.

Il s'agit d'une joie pure que vous retrouvez lorsque vous vous apercevez que vous êtes à cet instant dans un espace parfait qui est représenté en vous en une ligne imaginaire qui vous traverse en un point parfait de l'Univers.

Cette joie, vous l'avez tous traversée au moins une fois sans vous demander pourquoi à ce moment ce filament qui vous traverse s'est ainsi illuminé.

Mes enfants, je vous le dis : ce filament qui est en vous a pris son incandescence parce que justement vous avez décidé en cet instant saint de rechercher à retrouver à vous perdre.

Vous pouvez décider de perdre ce qui vous relie aux illusions que vous vous êtes créées.

Il ne s'agit pas ici de vous demander de lâcher ce monde, mais d'accepter de le perdre pour pouvoir le retrouver avec cette joie qui vous est traversée pour vous transporter loin de votre chaos.

La joie que vous retrouvez vous renforcera si vous considérez qu'elle vous fait perdre les liens que vous gagnerez.
Soyez dans cette ambivalence de vie où l'instant que vous rejoignez vous fait perdre ce que vous gagnez en l'abandonnant car il n'existe pas de plus belles victoires que celle de l'abandon de soi pour enfin se retrouver.

28 - LA PUISSANCE DE LA JOIE

Vous avez accueilli en vous cette lumière divine qui transperce votre cœur d'un amour aussi dense que la paroi de la voûte étoilée.

Ce filet d'amour vous relie à moi, il est la manifestation de votre raison de vivre votre éternité comme la jouissance de votre instant d'amour qui se relaie pour embrasser une jauge de gloire incommensurable.

Votre divinité est celle de l'amour qui reflète en vous comme la vague qui s'échoue en vous dans une perpétuelle et incandescente lumière de votre âme. Votre âme est votre reflet qui vous expose dans ce havre de paix.

Soyez clair avec votre âme comme ce ruisseau qui coule le long de vos vaisseaux. Il irrigue vos organes et contribue à vous oxygéner. Il coule dans votre corps et vous relie à votre divinité ; mais la source de votre joie se trouve dans votre faculté à voir la vie ici et maintenant comme un miracle qui s'affranchit de toute contrainte car la vie vous est éternelle.

Regardez ce que vous vivez et vous vous apercevrez que la perception de votre vie ressemble à la circulation qui irrigue votre cœur. Cette circulation vous est fluide si vous considérez que la joie en est le moteur en animant votre vie en chaque instant que vous lui consacrez.

Il n'y a pas de plus belle joie que celle de l'instant, car elle vous relie à votre lumière qui fleurit en vous à chaque fois que vous contemplez en elle la gloire que la vie vous procure. Il n'y a pas de plus belle joie que celle qui repose sur votre paix. La paix est le fluide de la joie, car elle l'enveloppe d'une douce et heureuse transparence qui irrigue votre corps d'une lumière pourpre et bénie dans un linceul de pardon, car la joie retrouvée se trouve dans le pardon que vous donnez.

La contribution éphémère de votre joie sera celle de votre don à voir votre vie comme une magique et majestueuse aventure dont l'issue est de vous découvrir en vous couvrant d'une onde d'amour qui pénètre autant votre cœur qu'elle inonde votre âme d'une paix indéfectible qui rejoint l'éternité en son sein.

Fleurissez cette joie et l'étreinte vous sera due comme l'accomplissement de votre rêve à devenir ce que vous êtes et non prétendez à devenir, car le devenir se trouve dans la passion comme l'être séjourne dans l'amour.

Votre joie repose sur votre « *un-perception* » à vouloir devenir ce que, en somme, vous n'êtes pas. La joie de votre devenir se trouve en votre intérieur car rien ne peut s'opposer à sa délivrance lorsqu'elle est commuée en une libération de votre éternelle âme.

DÉFENSE DE VOTRE ESPACE DE VIE

Vous habitez un temple où l'intemporalité du moment s'ajoute à ceux de vos instants.

La contribution de votre vie est celle de votre éternité qui se construit sans que vous puissiez en deviner les contours.

Ce temple est celui de votre création qui supporte celles de vos passages antérieurs qui n'ont cependant pas la mainmise sur la vôtre car c'est ici et « *mains tenant* » que vous êtes en mesure de faire en sorte que l'élévation de votre être soit la condition de votre résolution.

Cette résolution, habitez-la en vous comme l'espoir divin de commuer votre ingratitude en une louange éternelle à célébrer la vie non comme une postérité mais comme la jouissance de votre réelle perfection.

Cette réelle perfection, cultivez-la en une gratitude de chacun de vos instants qui instruit votre gloire à revenir à ce que vous êtes, car la plénitude de ces moments sera pour vous votre libre consentement à réaliser votre deuil inculte et de renaître un horizon parsemé de joie, de bonheur, où la tranquillité sera votre paix.

Cultivez cette paix comme s'il s'agissait de votre unique moyen de connaître le bonheur.

La première défense que vous devez vous forger en chaque instant est de vous contenter uniquement de rechercher la paix avec votre cœur, par votre âme et pour les personnes que vous côtoyez ici et « *mains tenant* ».

Il n'y a pas de plus belle défense que celle de la paix, car elle vous protégera de tout sauf de vous-mêmes car, avant d'être vos défenseurs, vous êtes vos blasphémateurs.

La délivrance de votre fardeau ne pourra se faire que si et seulement si vous manifestez la ferme et heureuse intention de vous libérer de ce qui vous enchaîne. Cette délivrance ne pourra se faire que si vous vous épargnez de vivre ces insolences qui vous tyrannisent depuis votre création. Ne redoutez pas l'absolu lorsque la stupéfaction vous est rendue et morcelle votre existence en d'impétueuses disgrâces qui résonnent en vous comme un bruit de fond que vous ne pouvez pas dissoudre car vous redoutez avant tout qu'il puisse un jour vous fausser compagnie.

Sachez que la compagnie qui vous plonge dans ce tourment est votre propre démon qui repousse vos tentatives de vous en éloigner.

Rejoignez-vous et contemplez avant tout votre divine essence. Comprenez que la vie que vous vous construisez à petit feu brûle vos espoirs si vous essayez de lui adjoindre cette brûlure qui se répand dans votre corps à la moindre attaque que vous lui consentez.

Le premier travail que vous devez réaliser, si vous souhaitez vivre dans une paix inébranlable, est de vous y abandonner et de reconnaître que la perte de vos écorchures absoudra vos peines et souffrances les plus effroyables.

Faites dissoudre ce feu qui vous consume et vous produit dans la perte de votre nature divine. Parvenez à absoudre cette ombre qui vous pèse et vous précipite dans un gouffre abscons qui n'a de délivrance que l'impétueuse course de son précipice.

Vous êtes tenus par une effroyable peur qui contamine votre espace autant qu'elle vous fustige votre ascension en une éprouvante déraison à vivre vos instants comme des suppliciés de votre temps, car de là découle votre omniprésence à vouloir contrôler autant l'infaillible que le déroutant.

Soyez à l'écoute de votre impulsion à choisir l'éternité comme votre plus fidèle amie car, en fait, elle vous appartient.

Votre éternité s'associe à celles de ceux qui en font la gloire.

Lorsque je dis cela, je souhaite que vous compreniez en cet instant qui vous est saint que vous êtes unis à votre éternité par celles et ceux qui la composent. Je sais que ce moment de paix que vous recherchez à reconquérir par les éléments de trahison que vous mettez en place se dissout en vous comme une étreinte qui s'éloigne de son âme en dérive.

Vous avez appris à conquérir ce que vous n'avez pas, mais il vous est rendu impossible de garder ce que vous avez et le reconnaître comme acquis. La reconnaissance de votre réelle nature est devenue pour vous un obstacle à votre dépérissement, et c'est pour cette unique raison que vous dilapidez vos forces de survie en vous blottissant dans une armure de trahison où le prestige n'a d'égal que votre désintérêt à reconnaître votre sublimité.

Vous avez appris à vous réfugier dans la ferveur de votre indélicate condition au mépris de votre inconditionnelle nature.

Sachez dorénavant que votre protection dépend uniquement de votre intention d'émettre en vous cette volonté de sauvegarder ce que vous avez appris à méconnaître.

Votre armure se dessinera en vous si vous décidez de lui tracer une esquisse qui dessinera les contours de votre sécurité.

Apprenez pour cela à faire confiance à votre cœur qui guidera vos actions car chacune d'elles composera votre éternité.

LA COMPASSION DÉLIVRANTE DE VOTRE ÂME

La miséricorde qui est mon œuvre inscrit le pardon dans une structure identitaire qui vous relie à votre divinité en sachant en cet instant de grâce que vous communiez avec lui.

Sa justice est rendue lorsqu'elle s'empare de vous et vous emporte dans une gloire envahissante à exclure tout inimitié, car la miséricorde appartient au divin et vous est donnée.

Elle contribue à votre explosion de joie lorsque vous la laissez rentrer au fond de votre cœur pour éblouir la quintessence divine de votre âme qui s'abreuve de cette expansion comme la bénédiction que vous lui portez en cet instant d'éternité.

Soyez pieux à découvrir votre éternité comme le fil d'Ariane qui vous conduira à votre vérité si vous lui accordez la place qu'elle occupe actuellement dans votre cœur, car la lumière de votre chemin est celle de votre âme.

La compassion n'agit qu'avec vous–mêmes ; elle est le reflet de votre peur si vous lui accordez un lien conditionnel entre votre torpeur et votre louange, car en fait il n'existe pas de frontière entre la peur et celle de l'amour.

Tout vous est donné, et c'est votre intention d'instant marquée par une solennité consacrée qui inscrira cette dévotion soit dans la peur soit dans l'amour.

Votre compassion est votre libération si vous estimez lui devoir autant à votre cœur qu'à votre âme.

Vous opérez votre force en la disséquant de parcelles d'insuffisances qui font capituler votre volonté de pardonner en subissant votre réelle aptitude à comprendre votre environnement comme la réelle cause de votre souffrance.

Or, votre souffrance n'est pas votre peine, ni même d'ailleurs celles des autres, car souffrir ne signifie pas périr dans votre infâme condition que vous vous évertuez à créer lorsque la contemplation du malheur vous est offerte.

La compassion vient du cœur si vous décidez de commencer à vous battre pour parvenir à la vérité et lever le voile que vous avez placé entre votre cœur et celui de votre perception.

Vous ne pouvez pas continuer à mal percevoir ce qui vous est donné, car votre reçu sera celui de votre détermination à ressentir la vie comme une souffrance.

La compassion étreint votre peine si vous lui confortez la puissance de la compréhension de votre divine condition de comprendre que les souffrances vous sont épargnées si vous admettez que le litige qui les contraint de faire endurer repose en fait sur une inaptitude à reconnaître que le lien qui unit la compassion aux relations repose sur une liaison qui vous unit à ce que vous êtes dans cette éternité d'amour qui vous bénit en chaque instant de sa caresse d'âme.

31 - LA GUÉRISON PAR L'ÂME

La joie qui vous est parvenue a inondé votre être d'un immense bonheur, car bonheur et joie sont intimes, et leur rencontre est pour vous le moyen de faire fuser en vous une puissance de guérison qui vous imprégnera jusqu'au plus profond de votre être, en lui diffusant un souffle de guérison qui se répandra si vous acceptez de la recevoir.

Ce souffle divin de guérison ventilera toutes les cellules de votre cœur par la seule intention que vous lui accordez.

Ayez « conscience » en cet air pur qui vous abreuvera d'un doux espace de paix qui régnera en vous comme un temple qui trône en son cœur : paisible et à l'écoute.

Cette écoute est celle de la guérison qui vous offre cet air divin.

Elle sera votre écoute, et ne tentez pas de l'entendre car le doux murmure qu'elle vous offre est une voix qui vous est inaudible car elle résonne en vous sans que vous puissiez tendre l'oreille.

Seul le cœur peut vous aider à discerner son son mélodieux et éparse qui se propagera en vous comme l'Odyssée de votre vie qui imprègne l'Eternité.

Cette Odyssée, laissez-la se diffuser en vous car elle est votre savoir et vous n'aurez pas besoin de l'entendre pour la voir.

Elle s'imprègne en vous comme la brume qui se répand dans le ciel.

Cette épaisse fumée blanchâtre se reflète dans votre corps comme les faisceaux d'un miroir qui vous pénètrent par la vue.

Ne sous-estimez pas ce souffle divin qui ventile votre corps d'un air subtil qui vivifie vos cellules de l'Amour Divin qui se propulse dans toutes vos cellules lorsque vous réalisez que l'ombre qui vous est indue est une ineptie.

Votre traversée sur cet étang se fera sans encombre si vous prenez le temps de vous convaincre de lire en vous et de transcrire vos pensées, vos paroles et vos actes en une conjugaison de chapitres qui finalement composent votre histoire unique car votre livre vous appartient. Vous en êtes son auteur avant d'en être son lecteur. Suivez-vous et amusez-vous de lire ce que vous avez bien voulu vous écrire. Vous vous rendrez finalement compte que les chapitres qui composent votre histoire sont ceux de vos espoirs, et les suivre constituent votre guérison.

Votre Âme est votre auteur. Vous êtes son acteur. Agissez ensemble, et ces chapitres seront pour vous l'histoire d'une vie parfaitement heureuse.

La guérison vous appartient. Elle est en vous, sachez-le.

Je sais que vous vous demandez comment guérir des pires souffrances auxquelles vous vous exposez dans cette vie sans le vouloir. Je dis : sans le vouloir de l'Âme.

Sachez que ces souffrances que vous emmagasinez sont les vôtres et que rien ne vous était imposé. Vous avez traversé ces souffrances qui vous ont contraints à penser que je vous avais abandonnés et que la somme de vos souffrances correspondait à une effroyable injustice de vie.

Vous aviez le choix de les vivre ou pas : rappelez-vous de ceci.

Vous êtes votre seul maître et je ne saurais en aucune manière contrarier ce que vous vous êtes créé.

Vous vivez ce que vous vous donnez car vous recevez ce que vous vous donnez.

Ayez conscience que ce que vous vous produisez vous est dû.

32 - LES SOUFFRANCES DU CORPS ESTOMPÉES

Vous passez vos instants à tenter de guérir des maux que vous vous créez.

Votre corps est votre temple, et ce que vous honorez vous est retourné. Saluez-le comme s'il s'agissait de votre propre demeure. Une demeure dans laquelle vous vous installez en hôte car vous êtes votre propre invité.

Vous vivez ce que vous voulez bien vous offrir.

Regardez cette bâtisse que vous vous êtes construit. Elle repose sur vos fondations qui sont vos pensées, vos murs qui sont vos paroles et vos charpentes qui sont vos actes. Vos actes resplendissent et forment votre toit.

Vous ne pouvez pas bâtir vos joies sur la construction de vos peines, de vos jugements ou de vos critiques, car une fondation non noble ne saurait supporter des actes qui subliment vos pensées.

Ces pensées, que vous avez eu l'habitude de travestir en une multitude d'ondes qui n'avaient pour seul but que de nuire, sont l'orée de votre existence. Construisez-vous une orée qui saurait abriter avec douceur vos actions, et vous verrez votre vie transformée. Car votre vie est votre propre production.

Agissez comme si vous récoltiez en chaque instant le fruit de votre production car en fait, mes enfants je vous le dis, vous êtes votre propre producteur et votre récolte constitue votre récompense.

Cette brume qui navigue en vous dorénavant, ne la corrompez pas et faites-la correspondre à ce que vous vous construisez, car vos souffrances que vous vous créez s'atténueront si vous prenez conscience qu'amertume et santé ne constituent pas un socle commun mais des compartiments qui empêchent l'un et l'autre de se mouvoir.

Vous vous êtes consentis mutuellement à vous accorder et ne faire qu'un. Cette alliance que vous initiez ne saurait recevoir le seuil de votre tourmente car cette guérison que vous recherchez tant dans vos vies repose sur vos fondations.

Ces fondations que vous honorez tant à vous les attribuer sont la nature de vos pensées qui peuvent à votre convenance être votre tourmente ou vous être salvatrices.

Concevez-le : votre santé est le résultat que vous estimez accorder à la nature de ce que vous pensez. Vous êtes les maîtres de votre vie, et vos créations vous appartiennent tout autant que vos actions.

Actions et créations constituent vos dons, les dons que vous vous faites, que vous donnez et dont vous héritez. Il vous suffit de prendre conscience de ce seul fait pour faire de votre santé une harmonie de vie entre votre Âme et votre corps divin.

Cette harmonie prendra naissance le jour, ou plutôt l'instant, où vous *re-connaîtrez* que l'alliance de la pensée et de l'action est pour vous votre seul antidote.

Je sais que beaucoup d'entre vous sous-estiment cette puissance. Mais gardez à l'esprit que votre pensée est votre création. Vous pouvez sur le champ prendre le gouvernail de votre santé en *re-connaissant* être son capitaine.

La solution vous est simple. Inutile donc de vous la compliquer. Replongez dans votre cœur à chaque nouvelle tourmente et vous irez mieux parce que vous vous sentirez allégés.

Les souffrances de votre espérance disparaîtront pour laisser place à une quiétude de tous les instants où il suffira de faire confiance à votre Âme qui construira en vous votre paix.

La paix de votre Âme survit à tout, même aux plus colossales tourmentes que vous vous êtes infligées, car il n'existe pas de plus faibles tourmentes que celles que vous vous créez. Elles vous sont illusoires et prennent constance dans votre réalité que vous vous construisez lorsque vous leur donnez vie.

Vos souffrances seront estompées à l'instant même où vous comprendrez ce qui vous est enfin dû, car vous ne pouvez pas chercher à posséder ce que vous possédez déjà. Comprenez ceci.

33 - LA GUÉRISON DU CORPS DIVIN PAR SON ÂME

C'est en cessant d'apprendre que vous comprendrez, car inutile de chercher l'appréhension car elle vous comprimera en même temps qu'elle fustigera votre compréhension.

La guérison de vos souffrances est pour vous une issue des plus faciles si vous concevez que vous êtes à la fois une unité et une unicité. Souvenez-vous de cela.

Votre origine se confond dans un espace infini qui vous unit à votre unicité. Le comprendre, c'est vous l'approprier enfin et *re-connaître* qu'elle vous tend les bras pour vous enlacer.

Votre unité au divin est votre unique appartenance et la serait pour vous le plus merveilleux cadeau que vous puissiez vous faire.

Réalisez-ceci et plongez dans cette unité de chaque instant qui fondera en vous votre temple de guérison. La lumière qui transcende dans chaque cellule de votre être vous est éternelle et d'une infinie puissance. Elle effacera en vous vos maux à condition que vous admettiez que les souffrances que vous vous produisez à chaque instant vous sont autant illusoires qu'elles vous desservent.

Vous ne pouvez pas boire une eau qui pollue votre corps.

Acceptez dès à présent de vous purifier en comprenant votre divine essence.

Les maux vous quitteront si vous admettez enfin que vous êtes l'ambassadeur de votre vie avant même d'être son acteur. Vous jouez une pièce de théâtre dans laquelle tous les chemins de vie vous ont été tracés.

Prenez le chemin qui vous guidera vers une heureuse scène qui mettra fin à la précédente, car chaque scène de votre divine vie vous est unique et supplante majestueusement la précédente en la faisant vivre en elle-même.

Je sais que cette phrase vous est incongrue ; mais ne tentez de la saisir car elle est déjà en vous avant même que vous tentiez d'en rechercher le sens. Il vous est certainement arrivé de saisir un fait, une situation, une phrase avant même que vous fassiez appel à votre réflexion. Sachez que votre réflexion n'est que l'appropriation des éléments qui vous entourent et qu'elle vous a guidés tant de fois que vous êtes parvenus à chasser de vous le reflet de votre intuition qui pourtant vous montrait le chemin que vous auriez pu emprunter.

Ce reflet est furtif. Il disparaît immédiatement après que votre réflexion l'ait recouvert. Cette réflexion, qui vous a autant guidés que dispersés, est le fruit d'un mental que vous avez appris à méconnaître.

Cet apprentissage fallacieux vous a conduits à refléter en vous votre inconstance à vous connaître.

Votre reflet vous est éternel, telle cette brume qui vous traverse. Votre guérison réside dans ce détachement à vous méconnaître pour laisser place à cette connaissance vertueuse qui vous précipitera dans une oasis de bonheur, délivrés de vos souffrances dont la plupart sont issues de votre volonté de persévérer dans cette voie illusoire qui vous ombrage votre vie d'un voile qu'il vous suffit d'ôter avec la plus simple expression qui consiste à vous abandonner à vous et de cesser de vous torturer en alliant votre corps dans ce périple dont l'équation est de vous faire cesser d'aimer.

L'amour est votre guérison et transformera votre souffrance en pleine santé par une distillation de votre perception et une osmose avec votre cœur qui rayonnera en vous comme un torrent qui vient échouer sur la terre.

Vous êtes votre propre faiseur d'expériences : ces expériences sillonnent votre vie et la transforme avec les ingrédients que vous décidez de distiller ou de fertiliser. Soyez dans cette révélation de cette union entre votre corps et votre Âme et l'alchimie vous sera due.

34 - L'EXPANSION INTENTIONNELLE DE VOTRE PROTECTION

L'activation de votre protection ne pourra se réaliser pleinement sous l'auspice de la réussite que si vous manifestez de façon continue cette protection qui facilitera votre passage dans votre cœur sans alterner une rencontre avec votre peur que vous avez soustraite pour le moment à votre divine nature.

Cette peur qui se trouve en vous lorsque vous y songez s'en trouve éloignée lorsque vous en perdez la réelle consistance qui en fait ne repose sur aucun agglomérat qui puisse altérer de quelque manière que cela soit votre divine essence.

Vous êtes entourés par ce que vous avez bien voulu vous produire.

Il vous est demandé dans un premier temps de vous garantir un espace de paix suffisamment fort pour qu'il puisse englober votre retour à ce que vous êtes, car chers maîtres, vous êtes ce que vous produisez.

Produisez ce que vous êtes et vous atteindrez cette indéfectible perfection.

Cheminez vers ce sentier battu d'avance et la voie de l'éclaircissement pénétrera en vous comme une évidence où votre ambition salutaire sera au paroxysme de son apogée si vous consentez à lui délivrer son emprise à vous retenir enfermés dans ce cachot froid et sans saveur qui neutralise autant vos sens que votre désir de vivre dans une harmonie de paix bienfaitrice.

A ce stade de votre expansion libératrice, il vous est demandé de faire un effort constant : celui de vous édifier en un protecteur et non en un sublimateur invertueux de votre existence qui purge sa joie dans un essaim de peurs qui alimentent une succession de colères et de haines.

Exposez-vous dans ce labyrinthe où votre route est tissée avec un fil d'or : celui de la tempérance de votre cœur à décroire que votre illusion vous protège de ce filament doré qui vous hisse en vous et pour vous vers votre bonté intérieure.

35 - LA VOIE ROYALE DE LA MISERICORDE

Votre expansion vous est assurée dorénavant ; blottissez-vous contre vous à chaque fois que vous pressentez une « *un-disgrâce* » se présenter. Le voile de protection s'animera en vous et contrera les « *un-disgrâces* » que vous ressentez pour les diffuser loin de votre cœur où un abîme d'amour les accueillera en son siège divin.

Ne vous offusquez pas de vous délester de parties de vous-mêmes qui sont parvenues à vous hisser contre ce poteau d'exécution qui n'attendait que vous.

Délier vos liens ne vous demandera aucun effort si vous prenez en considération que vous êtes avant toute chose un être d'amour qui unit en lui en son éternité et sa joie de vivre les instants sacrés comme l'extase de votre bénie essence.

Reliez-vous à votre divine nature et elle vous déliera des liens qui jusqu'à maintenant ont contribué à vous perdre dans cet abîme infâme de votre existence qui consistait à entrevoir votre vie comme l'avènement de vos douleurs commuées en de terribles peines culpabilisantes.

Ne pointez pas votre orgueil sur votre déraison car il culmine loin de votre bienfaisance et vous fera miroiter une myriade de plaisirs auxquels vous avez répondus et qui vous ont plus démembrés qu'animés.

Faites confiance à votre endurance car la force d'intention qui anime votre esprit est celle de votre jouissance.

Soyez clairs avec vous en ce point et ne confondez pas compassion et miséricorde. La miséricorde vous est due mais vous-mêmes avez outrepassé son champ en lui attribuant la louange de vos pêchés ; alors que la compassion vous est due mais vous lui avez rétabli sa miséreuse condition.

La miséricorde vous est donnée si vous acceptez de la voir non comme un refuge mais comme une délivrance ; la compassion vous est reçue mais vous avez travesti sa loyale dévotion en une torpeur de votre inconstance à considérer que le bien agit par le mal et le mal par le bien.

En fait, il n'en est rien. Votre bâti repose sur des fondations qui se joignent à votre espérance si vous considérez qu'elles supportent votre structure. Vous avez construit un édifice qui repose sur votre intempérance à vous reconnaître.

Regardez sous terre et explorez les entrailles de la terre ; vous avez fustigé le bien et le mal comme des agglomérats sans considérer que ces deux niveaux de valeur s'unissent en indivision et c'est en vous que se trouve le curseur. Ce curseur se manifeste à chaque instant par votre liberté de disposer de votre vie comme bon vous semble.

Difficile d'admettre que vous seuls détenez la liberté de disposer de votre vie comme bon vous semble. Difficile d'admettre que vous seul détenez la liberté de choisir entre le bien et le mal car vous avez appris tant à subir le bien lorsqu'il se présentait devant vous qu'à vous familiariser avec le mal lorsqu'il se contentait à vous tenir compagnie.

Vous avez, en compromettant cette unité, fabriqué de toutes pièces une dualité qui vous expose à juger ce qui est pour ce qui n'est pas et à enfreindre les codes de votre liberté pour accepter à sa place ce qui n'est pas pour ce qui est. Votre ambivalence a nourri une intercession entre vous et le divin en soi en créant une Aphrodite de vos espérances.

La miséricorde vous est reçue si vous acceptez de la donner. Vous avez outrepassé toutes vos barrières en voulant la commuer en peines et outrances qui vous ont fait chuter et vous perdre dans une mouvance de regrets qui inondait aussi bien votre chemin d'espérance à outrances que votre liberté d'incultes blasphèmes.

Le temps est maintenant en vous pour vous faire enfin rappeler que la peine que vous engendrez, vous la livrez à vos enfants sous une forme de dons qu'ils hériteront de leurs ailleurs.

Ne mélangez pas dans ce désarroi miséricorde et compassion : toutes deux sont des corollaires tout en étant disjointes, car les liens qui les unissent sont séparés par l'intention qui toutefois les rapprochent dans la forme.

La miséricorde vous est donnée car elle vous expose à ce que vous vous êtes créés en le rapportant à votre condition. La compassion unit ce que vous vous êtes créés en le désolidarisant de votre absolue condition car la compassion est un acte de compréhension avant tout sans qu'il soit accompagné de reconnaissance.

La miséricorde qui vous est due est l'acte authentique qui vous unit à moi par mon fils Jésus Christ. Elle ne comprend aucune condition car elle est la condition de toute repentance. Elle vous sublime en vous recevant tel que vous êtes et non tel que vous avez cherché à être, car avant toute chose, elle vous reconnaît en tant que tel.

Vous appartenez à cette unité qui glorifie chacune de vos souffrances blasphématoires lorsqu'elles sont une étreinte de votre éternité car votre miséricorde réside dans votre liberté d'avoir accepté votre unicité qui vous conjugue avec la lumière divine de Jésus Christ.

Cette lumière est la lumière de la divine miséricorde que vous juxtaposez avec votre divine intention de la rejoindre sans compatir ni trahir un excès de désinvestissement car votre compassion sera votre lueur tout comme votre miséricorde sera votre providence.

www.ingramcontent.com/pod-product-compliance
Lightning Source LLC
Chambersburg PA
CBHW061329120726
48001CB00002B/759